I0635225

Diplomica Verlag

Sylvana Schulze-Pfefferkorn

Das Arbeitsverhältnis in der Insolvenz

Der Zusammenhang von Arbeitsrecht und Insolvenzrecht

Schulze-Pfefferkorn, Sylvana:
Das Arbeitsverhältnis in der Insolvenz: Der Zusammenhang von Arbeitsrecht und
Insolvenzrecht, Hamburg, Diplomica Verlag GmbH

Umschlaggestaltung: Diplomica Verlag GmbH, Hamburg

ISBN: 978-3-8428-6333-0

© Diplomica Verlag GmbH, Hamburg 2011

Bibliografische Information der Deutschen Nationalbibliothek:

Die Deutsche Nationalbibliothek verzeichnet diese Publikation
in der Deutschen Nationalbibliografie;
detaillierte bibliografische Daten sind im Internet über
http://dnb.d-nb.de abrufbar.

Die digitale Ausgabe (eBook-Ausgabe) dieses Titels trägt die
ISBN 978-3-8428-1333-5 und kann über den Handel oder
den Verlag bezogen werden.

Inhaltsverzeichnis

Abkürzungsverzeichnis

Abb.	Abbildung
Abl	Amtsblatt
AGB	Allgemeine Geschäftsbedingungen
AGG	Allgemeines Gleichstellungsgesetz
Alt.	Alternative
AltersteilzeitG	Altersteilzeitgesetz
AEAO	Anwendungserlass zur Abgabenordnung
akt.	aktualisierte
AO	Abgabenordnung
ArbGG	Arbeitsgerichtsgesetz
ArbeitnehmerentsendeG	Arbeitnehmerentsendegesetz
Art.	Artikel
Aufl.	Auflage
BAG	Bundesarbeitsgericht
BAGE	Entscheidungen des Bundesarbeitsgerichtes
Bd.	Band
BefristgsG	Befristungsgesetz
BErzGG	Bundeserziehungsgeldgesetz
BBiG	Berufsbildungsgesetz
BetrVG	Betriebsverfassungsgesetz
BGB	Bürgerliches Gesetzbuch
BGBl	Bundesgesetzblatt
BFH	Bundesfinanzhof
BFH/NV	Bundesfinanzhof/nicht veröffentlicht
BGH	Bundesgerichtshof
BGHZ	(halbamtliche) Entscheidungen des Bundesgerichtshofes für Zivilsachen
bspw.	Beispielsweise
BSG	Bundessozialgericht
BSTBl	Bundessteuerblatt
BT – Drs.	Bundestagsdrucksache

BUrlG	Bundesurlaubsgesetz
BVerfG	Bundesverfassungsgericht
bzw.	beziehungsweise
DB	Der Betrieb
Diss.	Dissertation
d.h.	das heißt
DZWIR	Deutsche Zeitschrift für Wirtschafts- und Insolvenzrecht
EG	Europäische Gemeinschaft
EGV	Vertrag der Europäischen Gemeinschaft
EG – VO	Verordnung der Europäischen Gemeinschaft
Einf v (§ 611..)	Einführung vor….
Einl	Einleitung
EinigVrt	Einigungsvertrag
ErfKomm	Erfurter Kommentar
EStG	Einkommensteuergesetz
EU	Europäische Union
EUGH	Europäischer Gerichtshof
EUGHE	Entscheidungen des Europäischen Gerichtshofes
EUV	Vertrag der Europäischen Union
EUZW	Europäische Zeitschrift für Wirtschaftsrecht
EWG	Europäische Wirtschaftsgemeinschaft
f.	folgende (Seite)
ff.	fortfolgende (Seiten)
GewO	Gewerbeordnung
ggf.	gegebenenfalls
GmbH	Gesellschaft mit beschränkter Haftung
GmbHG	Gesetz für Gesellschaften mit beschränkter Haftung
i.S.d.	im Sinne des
GG	Grundgesetz der Bundesrepublik Deutschland
HGB	Handelsgesetzbuch
hrsg.	herausgegeben

InsO	Insolvenzordnung
Jg.	Jahrgang
KO	Konkursordnung
KSchG	Kündigungsschutzgesetz
LAG	Landesarbeitsgesetz
LstDV	Lohnsteuerdurchführungsverordnung
Mio	Million
MitbestG	Mitbestimmungsgesetz
MuSchG	Mutterschutzgesetz
NJW	Neue Juristische Wochenzeitschrift
neu bearb. Aufl.	neu bearbeitete Auflage
n.F.	neue Fassung
Nr.	Nummer
NZA	Neue Zeitschrift für Arbeitsrecht
o.J.	ohne Jahr
o.V.	ohne Verfasser
RegE	Regierungsentwurf
RGBl	Reichsgesetzblatt
RGBl ber.	Reichsgesetzblatt berichtigt
RL	Richtlinie
Rn	Randnummer
S.	Seite
SGB	Sozialgesetzbuch
SprAuG	Gesetz über Sprecherausschüsse der leitenden Angestellten
StGB	Strafgesetzbuch
StuB	Steuern und Bilanzen
TVG	Tarifvertragsgesetz
u.a.	unter anderem
u.U.	unter Umständen
Urt v	Urteil vom
Vgl.	Vergleiche
z.B.	zum Beispiel
ZBR	Zeitschrift für Beamtenrecht

ZInsO	Zeitschrift für das gesamte Insolvenzrecht
ZIP	Zeitschrift für Wirtschaftsrecht
ZPO	Zivilprozessordnung
zs. fortgeführtes Erläuterungswerk	zusammen fortgeführtes Erläuterungswerk

Abbildungsverzeichnis

Das Arbeitsverhältnis in der Insolvenz

1. Einleitung

Dieses Buch beschäftigt sich mit dem Arbeitsverhältnis in der Insolvenz. Die Frage nach dem Sinn des Arbeitsverhältnisses hat durch die vielfältigen Änderungen im Arbeits- und Wirtschaftsleben eine neue Bedeutung erfahren.[1] Die Zahl der Arbeitnehmer, die aus dem Schutz herausfallen, nimmt durch Rahmenbedingungen wie zunehmende Globalisierung, Internationalisierung, grenzüberschreitende Arbeit in multinationalen Konzernen, Rationalisierung und Technisierung, Arbeit mit Internet und E-Mails ohne nationale Grenzen ständig zu.[2] Neue flexible Arbeitsformen resultieren aus Arbeitslosigkeit und bedingen soziale Folgen für den Schutz des Arbeitsrechts.[3] Fehlender Schutz gerät zunehmend in den Fokus und macht eine Klarstellung und Anpassung des Arbeitsrechts erforderlich.[4] Hierbei sollte sich nach Empfehlung der deutschen Regierung die nationale Politik bei der Bestimmung des Arbeitsverhältnisses an den tatsächlichen Verhältnissen orientieren, unabhängig von den zwischen den Parteien getroffenen vertraglichen Vereinbarungen.[5] Eine staatliche Kontrolle soll insoweit entbehrlich sein, als ein effektiver Rechtsschutz durch Gerichte besteht, und jeder Beschäftigte seine Rechte selbst durchsetzen kann.[6] Zunehmend Einfluss auf das nationale Arbeitsrecht entwickelt auch das Gemeinschaftsrecht. Untersucht wird ansatzweise die Problematik der Anwendung und Überlagerung des nationalen Rechts durch das Gemeinschaftsrecht.

Viele Arbeitsplätze gehen durch Insolvenzen oder drohende Insolvenzen verloren. Expertenprognosen zufolge werden durch die Finanzmarktkrise im kommenden Jahr Tausende Unternehmen in die Insolvenz getrieben, insbesondere seien mittlere und kleinere Unternehmen in der Dienstleistungsbranche, in Handwerk und Bau betroffen.[7] Hunderttausende Arbeitsplätze könnten somit in Gefahr sein, da die Krise mittelfristig auch auf den Arbeitsmarkt durchschlagen wird. Bundesagenturchef Frank - Jürgen Weise rechnet spätestens im zweiten Halbjahr 2009 mit steigender Arbeitslo-

---

[1] Vgl. Internationale Arbeitskonferenz (2006), S. 22.
[2] Vgl. Internationale Arbeitskonferenz (2006), S. 22.
[3] Vgl. Internationale Arbeitskonferenz (2006), S. 22.
[4] Vgl. Internationale Arbeitskonferenz (2006), S. 22.
[5] Vgl. Internationale Arbeitskonferenz (2006), S. 82.
[6] Vgl. Internationale Arbeitskonferenz (2006), S. 136.
[7] Vgl. www.weltonline.de (Inkassoverband), o.V., Stand 30.10.2008.

sigkeit und dem Wegfall von 40.000 Jobs.[8] Für den Fall einer Rezession wird sogar ein Verlust von 400.000 Arbeitsplätzen erwartet.[9] Prognosen sind jedoch immer nur Vorhersagen; niemand kann genau bestimmen, wie der Arbeitsmarkt auf den Wirtschaftseinbruch reagieren wird.[10] Ungeachtet dessen rechnet die Bundesregierung ab 2009 mit Problemen am Arbeitsmarkt und will mit einem milliardenschweren Investitionspaket Jobs sichern und neu schaffen.[11] Um dem Wirtschaftseinbruch gegenzusteuern, hat das Bundeskabinett des Weiteren am 13.10.2008 eine Anpassung der Insolvenzordnung beschlossen. Mit dieser Regelung soll in Krisenzeiten an für sich gesunden Unternehmen der Weg zur Sanierung geebnet und somit Arbeitsplätze gerettet werden.[12] Da die Insolvenzordnung u.a. auch zum Ziel hat, den Arbeitnehmer im Fall der Unternehmensinsolvenz zu schützen, soll untersucht werden, welche Schutzmechanismen existieren und unter welchen konkreten Bedingungen sie greifen. Um das Arbeitsverhältnis in der Insolvenz zu verstehen, sind grundlegende Begriffe und Formalien des Arbeitsverhältnisses außerhalb der Insolvenz zu klären. Viele Charakteristika behalten für den Fall der Insolvenz ihre Gültigkeit.[13] Aufgrund dessen beschäftigt sich der zweite Teil der Arbeit kurz mit dem Arbeitsrecht selbst und der dritte Teil mit den Charakteristika des Arbeitsverhältnisses. Teil vier und fünf greifen insolvenzrechtliche und arbeitsrechtliche Besonderheiten auf und beschäftigen sich mit den Auswirkungen auf das Arbeitsverhältnis und den Arbeitnehmer. Aufgrund der zunehmenden Bedeutung des Gemeinschaftsrechts werden kurz auch die Auswirkungen desselben auf das nationale Recht umrissen.

---

[8]   Vgl. www.welt.de (Arbeitsmarkt), o.V., S. 1 Stand 30.10.2008.
[9]   Vgl. www.welt.de (Arbeitsmarkt), o.V., S. 2 Stand 30.10.2008.
[10] Vgl. www.welt.de (Arbeitsmarkt), o.V., S. 2 Stand 30.10.2008.
[11] Vgl. www.welt.de (Jobs retten), o.V.,   S. 1 Stand 02.11.2008.
[12] Vgl. www.bmj.de , o.V., Stand 02.11.2008.
[13] Vgl. *Depre'/Heck* in:Beck/Depre' (2003), § 19 Rn 8, 19.

2. Arbeitsrecht

2.1. Deutsches Arbeitsrecht

Das deutsche Arbeitsrecht unterscheidet in Individualarbeitsrecht[14] und Kollektivarbeitsrecht.[15] Individualarbeitsrecht regelt Rechtsbeziehungen zwischen einzelnen Arbeitnehmern und Arbeitgebern.[16] Kollektivarbeitsrecht hingegen beschäftigt sich mit den Rechtsbeziehungen zwischen den Koalitionen der Arbeitnehmer und Arbeitgeber und zwischen den Vertretungsorganen der Arbeitnehmer und Arbeitgeber.[17] Es handelt sich um Rechtsregeln, die von den Tarifparteien oder Betriebspartnern gemeinsam erarbeitet und erlassen wurden.[18] Weiterhin handelt es sich um Rechtsnormen, die die Rechtsbeziehungen der Kollektivorgane zueinander oder sich mit der Stellung des einzelnen Arbeitnehmers im Kollektivverbund befassen.[19]

Arbeitsrecht ist eingebettet in ein komplexes System arbeitsrechtlicher Regulierungsvorschriften durch Betriebsvereinbarungen, Tarifverträge und nationaler Form von Richtlinien und Verordnungen. Trotz zahlreicher Bemühungen[20] und der Regelung in Art. 30 des Einigungsvertrages[21] ein Arbeitsgesetzbuch zu schaffen, existiert keine einheitliche Kodifizierung des Arbeitsrechts.[22] Regelungen finden sich in verschiedenen Rechtsquellen wie im GG (insbesondere Art. 3, 5, 9, 12 GG), im KschG, im BGB (§ 611 ff. insbesondere), BUrlG, AGG, BetrVG, ArbeitnehmerentsendeG oder AltersteilzeitG.

Aufgrund der zunehmenden Regulierungen im Bereich des Gemeinschaftsrechts lohnt es nicht mehr, auf nationaler Ebene ein einheitliches Arbeitsvertragsgesetz zu entwickeln, da auf europäischer Ebene schon ein vollständiges Arbeitsvertragssystem geschaffen wurde mit den Grundprinzipien des Diskriminierungsverbots, des Vorrangs der Berufsfreiheit des Arbeitnehmers gegenüber dem Arbeitgeber und dem

---

[14]   Vgl. *Weidenkaff* in: Palandt (2006), Einf v § 611 Rn 75.
[15]   Vgl. Müssig (2006), S. 369; Schaub (2006), S. 6; *Weidenkaff* in: Palandt (2006), Einf v § 611 Rn 73.
[16]   Vgl. *Schreiber,*JURA 2008, S. 21.
[17]   Vgl. Müssig (2006), S. 370.
[18]   Vgl. Adomeit (2005), S. 38.
[19]   Vgl. Schaub (2006), S. 6.
[20]   Vgl. Adomeit (2005), S. 38.
[21]   Vertrag zwischen der Bundesrepublik Deutschland und der Deutschen Demokratischen Republik über die Herstellung der Einheit Deutschlands vom 31.08.1990 (EinigVtr), BGBl. II S. 885.
[22]   Vgl. www.anwaltverein.de/downloads/Stellungnahmen-08/SN-59-08.pdf S. 3 Stand 30.10.2008; Fickinger in www.faz.net, Stand 30.10.2008.

Vorrang von Freiheiten unter dem Aspekt der Zukunft des Lebens.[23] Mängel im Interessenabwägungsvergleich können auf nationaler Ebene bereinigt werden.[24]

2.2. Europäisches Arbeitsrecht

Deutsches Arbeitsrecht ist nicht trennbar von europäischem Arbeitsrecht.[25] Europa-rechtlichen Vorgaben kommt auch im Bereich des Arbeitsrechtes zunehmend eine erhebliche Bedeutung zu.[26] Europäisches Arbeitsrecht ist keine eigenständige Rechtsmaterie, sondern unterliegt den Regeln des EG - Rechts.[27] Auswirkungen auf das nationale Arbeitsrecht lassen sich nur vor dem Hintergrund der besonderen Funktionsweise des Europarechts verstehen. Europarecht in engerem Sinne meint häufig das EG –Recht in seiner enormen allgemeinen Relevanz.[28] [29] Die meisten praxisrelevanten europäischen Vorgaben für das europäische Arbeitsrecht stammen entweder aus dem EG – Vertrag (Art. 39, 136ff EGV) oder beruhen auf dessen Ermächtigungsgrundlagen (Ausfluss Art. 94 EGV). Mitgliedstaaten und Gemein-schaft arbeiten gemäß Art. 125 EGV auf die verbesserte Qualifizierung, Ausbildung und Anpassungsfähigkeit der Arbeitnehmer sowie auf die Fähigkeit der Arbeitsmärkte hin, flexibel auf den wirtschaftlichen Wandel zu reagieren, um die Ziele in Art. 2 EUV und Art. 2 EGV umzusetzen.[30]

Die Vorschriften des EG – Vertrages zählen zum Primärrecht.[31] Sie gelten in den Mitgliedstaaten unmittelbar und zwingend[32] und enthalten ähnlich einer Verfassung fundamentale Rechtsgrundsätze wie die in Art. 39 EGV enthaltene Arbeitnehmerfreizügigkeit als eine der fünf Grundfreiheiten und zentrales Element

---

[23] Vgl. Freiberg (2007), S. 67.
[24] Vgl. Freiberg (2007), S. 67.
[25] Vgl. Rebhahn (2008), S. 3.
[26] Vgl. EUGH vom 27.01.2005, C – 188/03 – Junk (Massenentlassungen), NZA 2005, 213; EUGH vom 22.11.2005, C – 144/04 – Mangold (Altersdiskriminierung), ABl C 36 vom 11.02.2006,10.
[27] Vgl. Freiberg (2007), S. 7.
[28] Vgl. Streinz (2008), § 1 Rn 1.
[29] Beachte: nach Ratifizierung de Vertrages von Lissabon vom 13.12.2007 durch alle 27 Mitglied-staaten wird die EU Rechtsnachfolgerin der EG: vgl. Streinz (2008), § 1 Rn 2.
[30] Vgl. Freiberg (2007), S. 7.
[31] Vgl. Streinz (2008), § 1, Rn 3.
[32] Vgl. Schaub (2006), § 1 S. 6.

des Binnenmarktes.[33] Gemeinschaftsrecht hat Vorrang vor nationalem Recht[34] - § 5 EGV, sogenannte effet utile.

Primärrecht schafft Kompetenz – Kompetenz[35], d.h. die Kompetenz, selbständig neues Recht zu setzen. Dieses Sekundärrecht muss auf einer primärrechtlichen Ermächtigungsgrundlage beruhen und primärrechtskonform sein.[36] Die meisten Vorschriften werden in Form von Verordnungen und Richtlinien erlassen. Verordnungen gelten als unmittelbares Recht wie nationale Gesetze (Art. 249 II EGV)[37], Richtlinien bedürfen der Umsetzung in nationales Recht (Art. 249 III EGV).

Art. 39 EGV setzt einen relevanten Auslandsbezug voraus[38], erfasst nur Angehörige eines Mitgliedstaates[39] , die Arbeitnehmer i.S.d. Art. 39 EGV sein müssen. Der in Art. 39 EGV verwendete Arbeitnehmerbegriff wird für alle Mitgliedstaaten einheitlich durch das Gemeinschaftsrecht verwendet.[40] Zwar kennt das Gemeinschaftsrecht keinen einheitlichen Arbeitnehmerbegriff, den alle Normen inhaltsgleich verwenden, gleichwohl stimmen die Arbeitnehmerbegriffe der einschlägigen Bestimmungen weitestgehend überein.[41] Arbeitnehmer ist somit jeder Staatsangehöriger eines Mitgliedstaates, der eine weisungsgebundene Tätigkeit auf Lohn- oder Gehaltsbasis in einem anderen Mitgliedstaat ausübt oder beabsichtigt auszuüben.[42]

Europäisches Arbeitsrecht soll somit Mobilität und Flexibilität grenzüberschreitender Arbeitsverhältnisse durch verschiedene Schutzgebote fördern[43] bzw. Arbeitssuche und Arbeitsaufnahme erleichtern.[44] Wesentliche arbeitsrechtliche Richtlinien haben somit schon weitreichenden Einfluss auf die Gestaltung des deutschen individual- und kollektivrechtlichen Arbeitsrechts entfaltet und werden mit zunehmender Auslegung

---

[33] Vgl. Claasen (2007), Einf, XXI; *Dieterich* in: ErfKomm, Einl Rn 89.
[34] Vgl. Streinz (2008), § 3 Rn 201.
[35] Vgl. Streinz (2008), § 3 Rn 132.
[36] Vgl. Streinz (2008), § 1 Rn 4.
[37] Vgl. auch Freiberg (2007), S. 12.
[38] Vgl. EUGH vom 02.07.1998, C – 225/95 – Kapasakalis, EUGHE 1998, Rn 21 - 24.
[39] Beachte zulässige Einschränkungen gegenüber den seit 01.01.2004 und 01.01.2007 neuen EU - Mitgliedstaaten (außer Malta und Zypern) nach der sog. 2+3+2 Lösung: *Wissmann* in: ErfKomm (2006), Art 39 EGV Rn 3.
[40] Vgl. EUGH vom 23.03.2004, C-138/02 – Collins, EUZW 16/2004, 507.
[41] Vgl. Rebhahn (2008), S. 4 in Bezug auf EUGH, C – 256/01 Allonby.
[42] Vgl. EUGH vom 07.09.2004, C – 456/02 – Trojan, EUZW, 10/2005, 307; EUGH – vom 03.07. 1986, C -66/85 – Lawrie –Blum, ZBR, 1986, 267; EUGH vom 31.05.1989, C - 344/87 – Bettray, EUGH Slg 1989, 1621.
[43] Z.B. Reise auf Einreise und Aufenthalt Art. 39 III EGV, Diskriminierungsverbot Art. 39 II EGV, ungeschriebenes Beschränkungsverbot EUGH vom 02.10.2003, C – 232/01 – van Lent Gleichbe- handlung der Geschlechter Richtlinie 76/207 EWG, geändert durch Richtlinie 2002/73/EG (Bezug auf Art. 141 EGV).
[44] Vgl. Hemmer/Wüst/Beuttenmüller (2007), S. 45; Streinz (2008), § 12 Rn 877.

durch den EUGH sich als zwingender Rahmen für die nationale Rechtsentwicklung gestalten.[45]

Das das nationale Recht überlagernde Europarecht schützt die Arbeitnehmer somit vor den sozialen Folgen von Unternehmensstrukturierungen.[46] Bis heute existieren insoweit drei zentrale Richtlinien von enormer Bedeutung: Richtlinie zu Massenentlassungen[47], zu Betriebsübergängen[48] und zur Arbeitgeberinsolvenz[49].

---

[45] Vgl. *Dieterich* in: ErfKomm (2006), Einl GG Rn 91.

[46] Vgl. Streinz (2008), § 18 Rn 1094.

[47] Richtlinie 98/59/EG vom 20.07.1998, ABl. Nr. L 225 vom 12.08.1998, 16.

[48] Richtlinie 2001/23/EG vom 12.03.2001, ABl. Nr. L 82 vom 22.03.2001, 16.

[49] Richtlinie 80/987/EWG vom 20.10.1980, ABl. Nr. L 283 vom 28.10.1980, 23, geändert durch Richtlinie 2002/74/EG vom 23.09.2002, ABl. Nr. L 270 vom 08.10.2002, 10.

3. Das Arbeitsverhältnis

3.1. Rechtliche Einordnung

Ein Arbeitsverhältnis definiert sich über die rechtlichen und sozialen Beziehungen zwischen Arbeitgeber und Arbeitnehmer.[50] Im deutschen Arbeitsrecht handelt es sich um einen privatrechtlichen Vertrag[51], einen Arbeitsvertrag zwischen zwei Parteien als Sonderform des Dienstvertrages (§ 611 BGB).[52] Seine Rechtsgrundlage hat der Arbeitsvertrag in § 105 i.V.m § 6 II GewO.[53] Aufgrund der als Ausfluss des Art. 2 GG geltenden Privatautonomie können die Parteien die Vertragsgestaltung frei wählen.[54] Neben der Arbeitsvertragsfreiheit beruht das Vertragsgestaltungsrecht auf dem Arbeitnehmerbegriff.[55] In den seltensten Fällen ist der Arbeitnehmerbegriff legaldefiniert (§ 5 I BetrVG).[56] Das BAG hat hierzu eine Arbeitnehmerdefinition entwickelt.[57] Abzugrenzen ist der arbeitsrechtliche Arbeitnehmerbegriff vom steuerrechtlichen (§ 38 EStG i.V.m. § 2 I Nr. 1 EStG, § 1 I LstDV) und vom sozialrechtlichen (§ 7 SGB IV) Arbeitnehmerbegriff.[58] Aufgrund unterschiedlicher Zielsetzungen in Arbeitsrecht, Steuerrecht und Sozialrecht sind die Arbeitnehmerbegriffe nicht deckungsgleich.[59]

Arbeitsverhältnisse können sich gestalten als Normalarbeitsverhältnisse oder atypische Arbeitsverhältnisse.[60] Beschäftigungsformen befinden sich in stetem Wandel, wobei atypische Varianten an Bedeutung gewinnen und Normalarbeitsverhältnisse an Bedeutung verlieren.[61] Normalarbeitsverhältnisse sind zeitlich unbefristet, in der Regel sozialversicherungspflichtig.[62] Der Arbeitnehmer arbeitet nichtselbständig und

---

[50] Vgl. *Weidenkaff* in: Palandt (2006), Einf v § 611 Rn 4 d .
[51] § 145 BGB Angebot und Annahme: Rolfs/Giesen (2008), § 611 Rn 33.
[52] Vgl. Müssig (2006), S. 370; *Schreiber*, JURA 2008, S. 22, 23; *Wiesenkaff* in: Palandt (2006), Rn 5 2)a.
[53] Vgl. Hümmerich (2006), Rn 1.
[54] Vgl. Pallandt (2006), § 611, Rn 2; Renners (2007), S. 80, 81; Rolfs/Giesen (2008), § 611, Rn 32, 50, Joussen.
[55] Vgl. Hümmerich (2006), Rn 2.
[56] Vgl . *Koberski* .in: Wlotzke (2007), § 3 Rn 4,
[57] Vgl. *Schreiber*, JURA 2008, S. 22; BAG 22.03.1995 – 5 AZB 21/94, NZA 1995, 823, 833; BAG 22.04.1998 – 5 AZR 191/97, NZA 1998, 1275; siehe auch *Weidenkaff* in: Palandt (2006), Einf v § 611 Rn 7 4).
[58] Der BFH entwickelte hierzu auch eigene Kriterien wie persönliche Abhängigkeit, Weisungsgebundenheit hinsichtlich Ort, Zeit und Inhalt der Tätigkeit oder Unselbständigkeit in der Organisation. BFH vom 14.06.1985, VI R 150 -152/82, BStBl 1985 II S. 661; BFH von 18.01.1991, VI R 122/87, BStBl 1991 II S. 409.
[59] Vgl. Schreiber, JURA 2008, S. 22; BFH vom 02.12.1998, X R 83/96, BStBl 1999 II S. 534, BFH/NV 1999, S. 1024.
[60] Vgl. Schaub (2006), S. 70; *Sesselmeier* in: Keller/Seifert (2007), S. 68.
[61] Vgl. *Dietz/Walwei* in Keller/Seifert (2007), S. 165; *Keller/Seifert* in Keller/Seifert (2007), S. 11.
[62] Vgl. Boehmke/Föhr (1999), Rn 7, 62 ; *Keller/Seifert* in Keller/Seifert (2007), S. 21.

kontinuierlich für einen Arbeitgeber, unterliegt dessen Weisungsrecht und ist in die betriebliche Struktur eingegliedert.[63] Für viele Arbeitnehmer ist das Normalarbeitsverhältnis die einzige Einnahmequelle und deshalb muss es von Stabilität und längerer Dauer gekennzeichnet sein.[64]

Die atypischen Beschäftigungsformen sollen die Flexibilität als zentrale Voraussetzung des Strukturwandels, für Wirtschaftswachstum und Senkung der Arbeitslosigkeit durch Kostensenkung, Anpassungsfähigkeit und Erweiterung arbeitsmarktpolitischer Instrumente erhöhen.[65] Gleichzeitig bleiben Problemkonstellationen nicht aus. Atypische Arbeitsverhältnisse[66] kennzeichnen sich durch abweichende Merkmale aus[67], die zu arbeitsrechtlichen und sozialversicherungsrechtlichen[68] Benachteiligungen und Wettbewerbsnachteilen führen können. Teilzeitarbeit bietet oft keine sozialen Absicherungen oder geringe berufliche Aufstiegschancen.Leiharbeit zeichnet sich aus durch häufig wechselnde Arbeitsplätze und daraus resultierende mangelnde soziale Kontakte am Arbeitsplatz, durch das Risiko der Lohnarmut und schlechtere Entlohnung bei gleicher Qualifikation aus.[69] Telearbeit gestaltet sich isoliert ohne soziale Kontakte mit geringen Ausbildungschancen[70] oder schwer zu bestimmenden Arbeitsschutzmaß-nahmen.[71] Insgesamt wirken sich atypische Beschäftigungsverhältnisse auch nachteilig auf die Einkommenschancen aus.[72]

3.2. Parteien

3.2.1. Arbeitnehmer

Arbeitnehmer sind Personen, die sich im Rahmen eines Arbeitsverhältnisses verpflichtet haben, ihre Arbeitskraft weisungsgebunden zur Verfügung zu stellen[73], im

---

[63] Vgl. Schaub (2006), § 7, S. 70.
[64] Vgl. Boehmke/Föhr (1999), Rn 7, S. 18; *Keller/Seifert* in Keller/Seifert (2007), S. 21.
[65] Vgl. *Keller/Seifert* in Keller/Seifert (2007), S. 14, 15.
[66] Hauptsächlich Teilzeitarbeit, geringfügige Beschäftigung, befristete Beschäftigung und Leiharbeit: vgl. *Keller/Seifert* in Keller/Seifert (2007), S. 12.
[67] Vgl. Schaub (2006), S. 70.
[68] Vgl. *Keller/Seifert* in Keller/Seifert (2007), S. 18.
[69] Vgl. *Promberger* in Keller/Seifert (2007), S. 141.
[70] Vgl. *Flecker/Stary/Riesenecker-Caba* in: Flecker/Paouschek (2001), S. 163.
[71] Vgl. Boemke/Föhr (1999), Rn 190 – 191.
[72] Vgl. *Giesecke/Groß* in Keller/Seifert (2007), S. 101.
[73] Vgl. *Weidenkaff* in: Palandt (2006), Einf v § 611, Rn 7 4).

22

Gegensatz zum Selbständigen, der seine Arbeitszeit frei bestimmen und die Tätigkeit frei gestalten kann: vgl. § 84 I S. 2 HGB.[74] Problematisch sind Abgrenzungen bei den verschiedenen Misch- und Zwischenformen, die die Unterschiede zwischen einer nichtselbständigen und einer selbständigen Tätigkeit verwischen. Typisches Abgrenzungsmerkmal ist einerseits das Direktionsrecht[75] und anderseits die Eingliederung in die fremde Organisation.[76] Das deutsche Recht kennt wie schon erwähnt keine eindeutige Definition. Hingegen kennt das Gemeinschaftsrecht einen gemeinschaftrechtlichen Begriff des Arbeitnehmers in Art. 39 I EGV, geprägt durch Rechtssprechung des EUGH.[77] Arbeitnehmer ist jeder, der während einer bestimmten Zeit für einen anderen nach dessen Weisungen wirtschaftliche Leistungen gegen Entgelt erbringt [78] (Synallagma).[79]

Somit sind keine Arbeitnehmer Selbständige, Studenten[80], Beamte[81], Richter, Soldaten[82], Rentner oder Zivildienstleistende.[83] Arbeitssuchende dagegen gelten als Arbeitnehmer.[84] Den Arbeitnehmern gleichgestellt werden arbeitnehmerähnliche Personen.[85] Hierbei handelt es sich um selbständige Personen, die aufgrund der wirtschaftlichen Abhängigkeit von einem Auftraggeber vergleichbar schutzbedürftig sind (§ 12a TVG, § 5 ArbGG).[86]

3.2.2. Arbeitgeber

Eine gesetzliche Definition des Begriffs existiert nicht. Arbeitgeber ist jeder, der mindestens einen Arbeitnehmer beschäftigt.[87] Er kann eine natürliche Person, eine juristische Person des privaten oder öffentlichen Rechts, eine Personengesellschaft

---

[74] Vgl. Boehmke/Föhr (2007), *Hopt in:* Baumbach/Hopt (2006), § 84 Rn 35; S. 49, Rn 56; *Krodel* in Niesel: § 183, Rn 19.
[75] Vgl. , *Preis* in: ErfKomm (2006), §106 GewO Rn 1.
[76] Vgl. Boehmke/Föhr (1999), Rn 60.
[77] Vgl. Wüst/Hemmer/Beuttenmüller (2007), S. 46; Thiele (2006), S. 197.
[78] Vgl. EUGH, Rs 66/85 vom 03.07.1986 Lawrie – Blum, ZBR, 1986, 267.
[79] Vgl. Rolfs/Giesen (2008), § 611 Rn 32.
[80] Vgl. Hemmer/Wüst/Beuttenmüller (2007), S. 47.
[81] § 5 II ArbGG.
[82] Vgl. Dütz (2007), § 2 Rn 30: durch Verwaltungsakt begründetes öffentlich-rechtliches Dienstverhältnis; Müssig (2006), S. 371.
[83] Vgl. *Däubler* in: Däubler/Hjort (2008),, Einl Rn 10.
[84] Vgl. Hemmer/Wüst/Beuttenmüller (2007), S. 47; EUGH, C – 85/96 Maria Martinez Salla, EuZW 1998, 372.
[85] Vgl. *Weidenkaff* in: Palandt, Einf v § 611, Rn 9 5).
[86] Vgl. *Däubler* in: Däubler/Hjort (2008), Einl Rn 5; Rebhahn (2008), S. 27.
[87] Vgl. *Weidenkaff* in: Palandt (2006), Einf v § 611, Rn 6 3); *Däubler* in: Däubler/Hjort (2008), Einl Rn 2; *Roloff* in: Rolfs/Giesen (2008), § 2 Rn 17.

oder ein nicht rechtsfähiger Personenverband sein[88] (Verweis auf LstR 19.1 S. 1 2008). Nicht automatisch muss ein Arbeitgeber auch Unternehmer (§ 14 BGB) sein.[89] Es gibt Alleinunternehmer ohne Arbeitnehmer; umgekehrt gibt es auch Arbeitgeber, die nicht Unternehmer sind (Beschäftigung einer privaten Putzfrau).[90]

3.3. Inhaltliche Schwerpunkte

3.3.1. Arbeitsvertrag als Dienstvertrag

Der Arbeitsvertrag ist in Form eines Dienstvertrages die Begründung eines (privat-rechtlichen) Dauerschuldverhältnisses über die entgeltliche und persönliche Erbringung von abhängiger weisungsgebundener Leistung.[91] Aufgrund des Arbeitsvertrages verpflichtet sich der Arbeitnehmer, eine vertragsgemäße Leistung zu erbringen; der Arbeitgeber gewährt dafür eine vereinbarte Vergütung (zwei übereinstimmende Willenserklärungen).[92] Markantes Merkmal ist die persönliche Abhängigkeit des Arbeitnehmers vom Arbeitgeber. Der Arbeitnehmer kann seine Tätigkeit nicht frei gestalten und über seine Arbeitszeit bestimmen.[93] In Bezug auf Inhalt, Zeit, Dauer, Durchführung und Ort seiner Tätigkeit ist er in die Organisation des Arbeitgebers eingebunden und unterliegt dessen Weisungen.[94] Das Arbeitsrecht erfasst somit als Sonderrecht der abhängig Beschäftigten nur die unselbständige Arbeitsleistung.[95]

3.3.2. Direktionsrecht

Das Recht des Arbeitgebers auf Grundlage des Arbeitsvertrages Weisungen zu erteilen wird Direktionsrecht, auch Weisungsrecht genannt (dispositives Recht - § 315 BGB).[96] Zentralvorschrift ist hierfür § 106 GewO.[97] Weisungen des Arbeitgebers haben rechtsgeschäftlichen Charakter und stellen sich als einseitige und

---

[88] Vgl. *Krodel* in Niesel: § 183 Rn 22; *Weidenkaff* in: Palandt (2006), Einf v § 611 Rn 7 4).
[89] Vgl. *Weidenkaff* in:Palandt (2006), Einf v § 611, Rn 7 4).
[90] Vgl. *Kittner/Deinert* in: Kittner/Däubler KSchR (2008), § 1 Rn 54.
[91] Vgl. *Koberski* in: Wlotzke (2007), § 3 Rn 4.
[92] Vgl. *Joussen* in: Rolfs/Giesen (2008), § 611 Rn 33.
[93] Vgl. *Schreiber*, JURA 2008, S. 24.
[94] Vgl. *Schreiber*, JURA 2008, S. 24.
[95] Vgl. *Schreiber*, JURA 2008, S. 23; *Weidenkaff* in: Palandt (2006), Einf v § 611 Rn 3c.
[96] Vgl. *Grüneberg* in: Palandt (2006), § 315 Rn 2.
[97] Vgl. Tettinger/Wank (2004), § 106, Rn 1.

empfangsbedürftige Willenserklärungen dar. Weisungsbefugt ist derjenige, der gemäß § 106 GewO das Direktionsrecht über andere Beschäftigte ausüben darf.[98] Voraussetzung ist das vom Arbeitgeber abgeleitete Recht, die geschuldete arbeitsvertragliche Leistung nach Ort, Zeit, Inhalt und Dauer zu konkretisieren und zu beeinflussen.[99] Grenzen ergeben sich aus der arbeitsvertraglichen Vereinbarkeit, insbesondere aus § 307ff, aus § 7 AGG und zwingendem Arbeitnehmerschutzrecht.[100] Das Direktionsrecht darf nicht gegen ein gesetzliches Verbot verstoßen oder sittenwidrig sein (§§ 134, 138 BGB).[101] Spricht ein Arbeitgeber Sanktionen gegen einen Arbeitnehmer aus wegen Nichtbefolgung einer unzulässigen Weisung, verstößt er somit gegen das in § 612a BGB fixierte Maßregelungsverbot.[102] Das Direktionsrecht ist in billigem Ermessen auszuüben[103] und unterliegt der Kontrolle der Gerichte, insbesondere sind die Grundrechte der Arbeitnehmer zu wahren.[104]

3.3.3. Wichtige rechtliche Regelungen im Arbeitsrecht
3.3.3.1. Bundesgesetzgebung

Arbeitsverhältnisse unterliegen zahlreichen arbeitsrechtlichen Regelungen wie z.B. Tarifverträgen, Betriebsvereinbarungen, Arbeitsverträgen oder betrieblichen Übungen. Abweichend vom förderalistischen Prinzip in Art. 30 GG ist Arbeitsrecht überwiegend Bundesrecht.[105] Bundesrecht hat hierbei Vorrang vor Landesrecht (Art. 31 GG). Gemeint ist Bundesrecht, zu dessen Erlass der Bund gemäß Art. 70 ff GG (hier: insbesondere Art. 74 Nr. 11 und 12 GG) ermächtigt ist.[106] Hintergrund ist, dass der Bund im Interesse von Arbeits- und Wirtschaftsbedingungen bundeseinheitliche Regelungen schafft.[107] Zu den wichtigsten Gesetzen mit arbeitsrechtlichem Inhalt zählen vor allem AGG, BGB, HGB, GewO, BUrlG, SGB IX, KSchG. Kollektives Recht enthält u.a. das TVG, MitbestG oder Drittbeteiligungsgesetz.[108]

---

[98] Vgl. Tettinger/Wank (2004), § 106 Rn 3.
[99] Vgl. Müssig (2006), S. 379; Tettinger/Wank (2004), § 106 Rn 7
[100] Vgl. *Tillmanns* in: Rolfs/Giesen (2008), § 106 GewO Rn 47.
[101] Vgl. Tettinger/Wank (2004), § 106 Rn 14.
[102] Vgl. *Preis* in: ErfKomm (2006), § 612a BGB Rn 2.
[103] Vgl. Müssig (2006), S. 379; Tettinger/Wank (2004), § 106 Rn 19; *Tilmanns* in: Rolfs/Giesen (2008), § 106 GewO Rn 50.
[104] Vgl. BAG, Urt v 03.05.2005, 3 Sa 359/05, NZA 2005, 359.
[105] Vgl. Hesselberger (1990), S. 197.
[106] Vgl. Hesselberger (1990), S. 197.
[107] Vgl. Schaub (2006), § 1, § 7
[108] Vgl. Schaub (2006), § 1, S. 7.

3.3.3.2. AGB

Werden Arbeitsvertragsbedingungen für eine Vielzahl von Verträgen vorformuliert, unterliegen sie auch grundsätzlich dem Recht der Allgemeinen Geschäftsbedingungen.[109] Allgemeine Geschäftsbedingungen sind keine Rechtsnormen.[110] Nach § 310 III Nr. 1 BGB gilt die Anscheinsvermutung, dass die AGB vom Arbeitgeber gestellt wurden. Gegenteiliges muss der Arbeitgeber beweisen.[111] BAG und BVerfG haben die Rechtsstellung des Arbeitnehmers als Verbraucher bejaht.[112] Somit stellt der Arbeitsvertrag einen Verbrauchervertrag i.S.d. § 310 III BGB dar[113] und es ergeben sich für die inhaltliche Kontrolle von vom Arbeitgeber vorformulierten Verträgen weit reichende Konsequenzen.

§ 310 III Nr. 2 BGB erweitert den Anwendungsbereich der Inhaltskontrolle. § 310 III Nr. 3 BGB nimmt nicht nur eine generelle und abstrakte Kontrolle der Vertragsbedingungen vor, sondern berücksichtigt auch die konkreten Umstände des Vertragsabschlusses. Bei Verbraucherverträgen sind somit nach § 307 I und II BGB bei der Beurteilung der unangemessenen Benachteiligung auch die Begleitumstände zu berücksichtigen.[114] Die Einzelfallbetrachtung dieser Umstände kann sowohl zur Unwirksamkeit einer nach generell - abstrakter Kontrolle wirksamen Klausel als auch zur Wirksamkeit einer nach typisierter Inhaltskontrolle unwirksamen Klausel führen.

3.3.3.3. Tarifverträge

Eine grundlegende Rolle im Arbeitsrecht spielen Tarifverträge, die schriftlich vereinbart werden müssen (§ 1 II TVG). Die Tarifpartner regeln hierbei Arbeits- und Wirtschaftsbedingungen für bestimmte Bereiche und Berufe eigenständig.[115] Ein entscheidendes Moment liegt in der Annahme, dass es sich um einen Vertrag zwischen gleichstarken Parteien handelt.

Nach deutschem Recht enthält ein Tarifvertrag normative Teile (Rechtsnormen, die Inhalt, Abschluss oder Beendigung von Arbeitsverhältnissen sowie betriebliche und

---

[109] Vgl. *Weidenkaff* in: Palandt (2006), Einf v § 611 Rn 75b.
[110] Vgl. Hümmerich (2006), Rn 92.
[111] Vgl. *Heinrichs* in: Palandt (2006), § 310 Rn 12.
[112] Vgl. Thüsing (2007), S. 17.
[113] Vgl. *Heinrichs* in: Palandt (2006), § 13 Rn 3; auch *Preis* in: ErfKomm § 305 -310 BGB Rn 23.
[114] Vgl. *Heinrichs* in: Palandt (2006), § 310, Rn 19.
[115] Vgl. Schaub (2006), S. 9.

betriebsverfassungsrechtliche Fragen regeln können) und schuldrechtliche Teile (Rechte und Pflichte der Tarifvertragsparteien): § 1 I TVG. Aufgrund des erweiterten Verhandlungsspielraums, der das Schutzbedürfnis eines Arbeitsvertrages mit einem schwächeren Arbeitnehmer entfallen lässt, können Schutzbestimmungen somit anders, schneller und flexibler, gestaltet werden.

Für ein Arbeitsverhältnis entfaltet der Tarifvertrag nur Wirksamkeit, wenn die Parteien tarifgebunden, dass heißt Mitglied eines tarifschließenden Verbandes sind (§ 3 I TVG)[116], und das Unternehmen in den fachlichen und regionalen Bereich des Tarifvertrages fällt, der sich aus dem Tarifvertrag selbst ergibt.[117] Sind diese Bedingungen erfüllt, gilt der Tarifvertrag unmittelbar und zwingend (§ 4 III und IV TVG).[118] Für den Arbeitgeber kann dies für eine einheitliche Personalverwaltung sinnvoll sein; für den Arbeitnehmer kann sich hieraus ergeben, dass er in den Genuss tariflicher Mindestbedingungen kommt, andererseits sich jedoch auch in einem anderen Tarifbereich mit schlechteren Bedingungen wieder finden kann.[119] Für diesen Fall hatte das BAG eine Auslegungsregel entwickelt (Gleichstellungsabrede).[120] Mit Wirkung der Schuldrechtsreform zum 01.01.2002 greift allerdings die strengere Inhaltskontrolle von Arbeitsverträgen für neu abgeschlossene Arbeitsverträge. Für so genannte Altverträge (bis zum 31.12.2001 abgeschlossen) gilt weiter die Auslegungsklausel, die tarifgebundene Arbeitnehmer mit nicht tarifgebundenen gleichstellt.[121]

3.3.3.4. Betriebsvereinbarungen

Betriebsvereinbarungen sind Verträge zwischen Arbeitgebern und dem Betriebsrat[122], die aber nicht nur Rechte und Pflichten der Parteien begründen, sondern wie Tarifverträge verbindliche Normen für die Arbeitnehmer eines Unternehmens setzen.[123] Betriebsvereinbarungen sind gesetzlich nicht definiert; vielmehr setzt das Betriebsverfassungsgesetz dieses Rechtsinstitut zur Regelung der betrieblichen und

---

[116] Vgl. Müssig (2006), S. 373.
[117] Vgl. Schaub (2006), S. 10.
[118] Vgl. Schaub (2006), S. 10.
[119] Vgl. Schaub (2006), S. 12.
[120] Vgl. Schaub (2006), S. 13
[121] Vgl. BAG, Urt v 14.12.2005, 4 AZR 536/04, NZA 2006, 607.
[122] Vgl. Schaub (2006), S. 14.
[123] Vgl. Schaub (2006), S. 15.

betriebsverfassungsrechtliche Ordnung als vorhanden voraus (§ 4 TVG). Somit wird die unmittelbare und zwingende Wirkung der Betriebsvereinbarung auf das Arbeitsverhältnis des Arbeitnehmers eines Unternehmens angeordnet[124] (normative Wirkung – § 77 IV S. 1 BetrVG). Nur insoweit, als einzelvertragliche Vereinbarungen günstiger für den Arbeitnehmer sind, haben diese Vorrang vor den Betriebsvereinbarungen (Günstigkeitsprinzip[125] indiziert durch § 28 II S. SprAuG und analog § 4 III TVG). Das Günstigkeitsprinzip wird durch § 77 IV BetrVG abgesichert, wonach der einzelvertragliche Verzicht auf Ansprüche aus einer Betriebsvereinbarung[126] nur mit Zustimmung des Betriebsrates wirksam ist (§ 77 IV S. 2 BetrVG). Das Günstigkeitsprinzip gilt nicht bei Kollisionen zwischen Tarifverträgen und Betriebsvereinbarungen; hierbei hat der Tarifvertrag Vorrang (Verweis auf § 77 III BetrVG).

Für die Zukunft bleibt zu prüfen, ob die Betriebsvereinbarung neben dem einzelnen auch einem kollektiven Günstigkeitsvergleich standhält. In diesem Fall darf die Gesamtheit der Arbeitnehmer durch die Betriebsvereinbarung nicht schlechter gestellt sein.[127]

3.4. Kündigung

3.4.1. Allgemeines

Verträge zu lösen gestaltet sich schwieriger als diese einzugehen. Eine Möglichkeit der Vertragslösung ist eine Kündigung.

Die Kündigung ist eine einseitige rechtsgestaltende empfangsbedürftige Willenserklärung, die auf die Beendigung eines Dauerschuldverhältnisses zielt.[128] Sie steht zwischen dem Prinzip des „ pacta sunt servanda" (einmal geschlossene Verträge sind einzuhalten) und dem Prinzip der Vertragsfreiheit, sich von einem Vertrag auch wieder lösen zu können. Aufgrund dessen sind an formelle und materielle Wirksam-

---

[124] Vgl. Schaub (2006), S. 15.

[125] Das Günstigkeitsprinzip meint als Grundprinzip des Arbeitsrechts, dass grundsätzlich von arbeitsrechtlichen Vorschriften abgewichen werden kann, sofern die vereinbarte Regelung für den Arbeitnehmer günstiger ausfällt: vgl. Schaub (2006), S. 16.

[126] Vgl. Boehmke/Föhr (1999), Rn 95.

[127] Vgl. LAG Hamm vom 19.09.2006, Az 9 Sa 266/06 unter http:/arbeitsrecht.jura.uni-sb.de/pages/kollektives-ar.php S. 1 Stand 07.11.2008 .

[128] Vgl. Müssig (2006), S. 388.

keit zum Schutz des anderen Vertragspartners zahlreiche Bedingungen geknüpft: Bindung an Recht und Gesetz (Art. 20 III GG).[129]

Kündigungen sind bedingungsfeindlich. Die Wirksamkeit der Kündigung kann nicht von einer Bedingung abhängig gemacht werden.[130] Als zulässige Ausnahmen sind anerkannt die hilfsweise ausgesprochene Kündigung für den Fall der Unwirksamkeit einer anderen Kündigung und die sogenannte Änderungskündigung (hauptsächlich im Mietrecht und Arbeitsrecht).[131] Für das Arbeitsrecht ist diese ausdrücklich in § 2 KSchG geregelt.

Teilweise gelten für Kündigungen bestimmte Formvorschriften oder Fristen. Für die Kündigung eines Arbeitsverhältnisses ist die Schriftform vorgeschrieben (§ 623 BGB).[132]

3.4.1. Kündigung im Arbeitsrecht

Deutsches Arbeitsrecht grenzt im Gegensatz zum Gemeinschaftsrecht Kündigung und Entlassung voneinander ab.[133] Die Kündigung ist eine rechtsgeschäftliche Handlung, die auf die rechtliche Beendigung eines Arbeitsverhältnisses zielt, Entlassung meint hingegen den tatsächlichen Vorgang des Ausscheidens eines Arbeitnehmers aus dem Unternehmen.[134] Der Unterschied wird bedeutend bei bestimmten sozialversicherungsrechtlichen Konsequenzen (Sperre/Ruhen des Anspruches auf Arbeitslosengeld). Bei Massenentlassungen sind die Entlassungen vorher anzuzeigen: § 17 KSchG. Diese Unterscheidung wird überdacht werden müssen.

Nach der Entscheidung des EUGH[135] ist zumindest im Bereich der Massenentlassungsanzeige die Erklärung problematisch geworden. Der EUGH versteht den Begriff der Entlassung als den Vorgang des Kündigungsausspruches, nicht des tatsächlichen Unternehmensverlassens. Offen blieb hierbei, ob das Verständnis der Auslegung der deutschen Massenentlassungsregel in den §§ 17 KSchG zu einer direkten Änderung

---

[129] Vgl. Boehmle/Föhr (1999), Rn 69.
[130] Vgl. *Kittner/Deinert* in: Kittner/Däubler KSchR (2008), § 1 Rn 195.
[131] Vgl. *Kittner/Deinert* in: Kittner/Däubler KSchR (2008), § 1 Rn 195, 197.
[132] LAG Hessen vom 26.10.2007, Sa 961/06 ist der Ansicht, dass die Kündigung vom Arbeitgeber handschriftlich unterschrieben sein muss: http://www.chefarztrecht-aktuell.de/52/print.html Stand 07.11.2008.
[133] Vgl. www.hrm.de, o.V., Stand 07.01.2009.
[134] Vgl. www.hrm.de, o.V., Stand 07.01.2009.
[135] EUGH, Urt v 27.01.2005, C – 188/04 (nicht in amtlicher Sammlung) unter www.hrm.de

führen sollte.[136] Das BAG hat hierzu Klarheit geschaffen mit seinem Urteil vom 23.02.2006 und beendet nunmehr die Verunsicherung, die nach dem EUGH – Urteil im Fall Junk herrschte.[137] Aufgrund der richtlinienkonformen Auslegung[138] des § 17 I S. 1 KSchG sind Massenentlassungsanzeigen nunmehr vor Ausspruch der Kündigung vorzunehmen.[139]

Im Insolvenzverfahren können zahlreiche Besonderheiten entstehen, die in den betreffenden Abschnitten Insolvenzverfahren behandelt werden.

Die nachfolgende Statistik lässt erkennen, dass die weitaus häufigste Quelle in der Beendigung für ein Arbeitsverhältnis in der Kündigung durch den Arbeitgeber liegt. Von 100 Arbeitnehmern werden immerhin 25 gekündigt, 19 kündigen selbst und nur 6 Arbeitsplätze fallen durch Betriebsstilllegungen und 3 Arbeitsplätze durch Geschäftsaufgaben weg.

Abbildung 1 Beendigungsgründe von Beschäftigungen

Quelle: SOEP Statistika.org 2008[140]

---

[136] Vgl. *Kittner/Deinert* in: Kittner/Däubler, § 17 Rn 2a: § 17 KSchG versteht unter Entlassung die tatsächliche Beendigungdes Arbeitsverhältnisses.

[137] Vgl. Dzida/Hohenstatt (2006), DB, S. 1987.

[138] Die Umsetzung der Mssenentlassunsgrichtlinie 98/59/EG, gestützt auf Art. 97 EGV wurde in Deutschland realisiert in den §§ 17 – 22 KSchG: vgl. Freiberg (2007), S. 16.

[139] Vgl. Dzida/Hohenstatt (2006), DB, S. 1897.

[140] http://de.statistika.org/statistik/diagramm/studie/314/umfrage/beendigungsart-des-letzten-beschaeftigungsverhaeltnisses/ Stand 13.11.2008

3.4.2. Kündigungsgründe

Das Kündigungsschutzgesetz unterscheidet drei Arten: betriebsbedingt, verhaltensbedingt, personenbedingt.[141] Seit dem 01.01.2004 ist in Unternehmen mit mehr als 10 Arbeitnehmern eine Kündigung unwirksam, wenn sie nicht sozial gerechtfertigt ist. Aufgrund der sogenannten Kleinbetriebsklausel (Unternehmen mit fünf Arbeitnehmern) gibt für Arbeitnehmer, die schon vor dem 01.01.2004 bei dem Arbeitgeber mindestens sechs Monate beschäftigt waren (Wartezeit des § 1 I KSchG), eine Übergangsregelung.

3.4.2.1. Betriebsbedingte Kündigung

Die wichtigste Kündigungsart ist die betriebsbedingte Kündigung. Hierbei liegen die Ursachen nicht in der Sphäre des Arbeitnehmers, sondern im Einflussbereich des Arbeitgebers.[142] Deutlich wird, dass das Arbeitsrecht kein geschütztes (Grund)recht am Arbeitsplatz kennt, sondern nur einen relativen Bestandsschutz.[143]

Eine betriebsbedingte Kündigung ist möglich, wenn der Arbeitgeber aufgrund einer Unternehmerentscheidung beschlossen hat, Arbeitsplätze abzubauen bzw. sein Unternehmen ganz oder teilweise stillzulegen:[144] Erforderlich hierzu ist jedoch die vorherige Sozialauswahl vergleichbarer Arbeitnehmer. Sie ist nur zulässig, wenn dringende betriebliche Erfordernisse i.S.d. § 1 II S. 1 KSchG gegeben sind.[145] Allerdings ist das Merkmal Dringlichkeit gesetzlich nicht definiert.[146] Mit der Fülle von unbestimmten Rechtsbegriffen wird die Sozialauswahl zu einem schwer kalkulierbaren Element und kippt in der Praxis häufig die Wirksamkeit der Kündigung trotz dringender betrieblicher Erfordernisse.[147]

Die Kündigung soll das letzte Mittel sein[148]; alle anderen Mittel wie ein anderer freier Arbeitsplatz, Weiterbildungsmöglichkeiten oder eine Änderungskündigung müssen ausgeschöpft worden sein.[149] Dieses ultima-ratio Prinzip erfährt bei betriebsbeding-

---

[141] Vgl. *Zimmer/Hempel* in: Dornbusch/Wolf KSchG, § 1 Rn 56 (personenbedingt), Rn 60 (verhaltensbedingt), Rn 360 (betriebsbedingt).
[142] Vgl. *Zimmer/Hempel* in: Dornbusch/Wolf KSchG, § 1 Rn 360.
[143] Vgl. *Zimmer/Hempel* in: Dornbusch/Wolf KSchG, § 1 Rn 360.
[144] Der Insolvenzfall siehe Punkt 5.6.
[145] Vgl.. Biebl (2004), Rn 1; Freiberg (2007), S. 107, 113.
[146] Vgl. Finckenstein (2005), S. 239.
[147] Vgl. Biebl (2004), Rn 1.
[148] Vgl. Boehmke/Föhr (1999), Rn 70, S. 63; Schaub (2006), S. 395: Ultima – ratio – Prinzip.
[149] Vgl. Schaub (2007), S. 410.

ten Kündigungen eine besondere gesetzliche Normierung,[150] denn die Kündigung ist gemäß § 1 II KSchG nur durch betriebliche Erfordernisse bedingt, wenn der Arbeitgeber den Arbeitnehmer nicht zumutbar an einem anderen Arbeitsplatz beschäftigen kann. Gemäß § 2 KSchG hat die Änderungskündigung Vorrang vor der Beendigungskündigung.[151] Der Arbeitgeber muss vor Ausspruch der Beendigungskündigung stets prüfen, ob den betrieblichen Belangen durch eine Änderungskündigung auch Rechnung getragen werden kann.[152]

Im Kündigungsschutzprozess muss der Arbeitgeber alle Gründe, insbesondere die dringenden betrieblichen Erfordernisse und die durchgeführte Sozialauswahl beweisen, die die Kündigung rechtfertigen sollen (§ 1 II S. 4 KSchG). Betriebliche Erfordernisse für gerechtfertigte betriebsbedingte Kündigungen können sich aus innerbetrieblichen Gründen wie Organisationsentscheidungen[153] und Umstrukturierungen ergeben.[154] Hierbei ist es Entscheidung des Arbeitgebers, wie er seinen Betrieb organisiert[155] wie etwa die Entscheidung, den Personalbestand auf Dauer zu reduzieren. Letztendlich trifft der Unternehmer die Wahl selbst.[156] Er ist frei in der Entscheidung der personellen und sachlichen Personalwahl und trägt das Unternehmerrisiko der Fehleinschätzung.[157] Innerbetriebliche Umstände müssen, um betriebserforderlich zu sein, sich konkret auf die Einsatzmöglichkeit des gekündigten Arbeitnehmers auswirken.[158] Das betriebliche Erfordernis entsteht nicht unmittelbar und allein durch bestimmte wirtschaftliche Entwicklungen, sondern aufgrund von wirtschaftlichen oder fiskalischen Erwägungen getroffener Entscheidungen des Arbeitgebers (Unternehmerentscheidung[159]). Reine Erwägungen zu Kostensenkungen werden nicht durch die Unternehmerfreiheit gedeckt, da sich weder Auswirkungen auf den Unternehmenszweck noch die organisatorische Absicherung ergeben.[160] Die Kündigung ist gerechtfertigt, wenn sich Auswirkungen auf Unternehmenszweck und organisatori-

---

[150] Vgl. Dütz (2007), S. 179.
[151] Vgl. Finckenstein (2005), S. 262.
[152] Vgl. Busemann (2006), S. 203.
[153] Anerkannt werden: Umstellung oder Einschränkung der Produktion, Betriebsveränderungen Einführung neuer Fertigungsmethoden, Schließung/Verlagerung von Betrieben, Rationalisierungsmaßnahmen, Umstellung des Vertriebssystems durch Auslagerung (Franchising): Busemann (2006), S. 200; Finckenstein (2005), S. 142.
[154] Vgl. Schaub (2006), S. 409.
[155] Vgl. Busemann (2006), S. 199 – 200.
[156] Vgl. Busemann (2006), S. 200; Küttner (2007), S. 1576 Rn 6.
[157] Vgl. Busemann (2006), S. 200.
[158] Vgl. Hoyningen-Huene/Linck (2007), Rn 708
[159] Weiterführende Ausführungen zu selbstbindender und gestaltender Unternehmerentscheidung würden den Rahmen der Arbeit sprengen.
[160] Vgl. Busemann (2006), S. 200.

sche Grundlagen im Personalbedarf wie Personalüberhang, Bedarfsentfall für eine bestimmte Qualifikation oder Kündigung von Außenmitarbeitern ergeben.[161] Zu beachten ist, dass immer eine Unternehmerentscheidung[162] der Kündigung vorausgehen muss.[163]

3.4.2.2. Verhaltensbedingte Kündigung

Gerechtfertigt ist eine verhaltensbedingte Kündigung, wenn der Arbeitnehmer nach Erhalt wirksamer Abmahnungen sich weiterhin arbeitswidrig verhält.[164] Die Verfehlungen müssen betriebsbezogen sein, somit unmittelbar das Arbeitsverhältnis berühren.[165] Unter Abwägung aller Interessen des Arbeitnehmers am Fortbestand des Arbeitsverhältnisses und den Arbeitgeberinteressen zur Beendigung und anderweitigen Besetzung sollte die Kündigung das sozial angemessene und zutreffende Mittel sein.[166]

3.4.2.3. Personenbedingte Kündigung

Personenbedingte Kündigungsgründe liegen in der Person des Arbeitnehmers selbst und sind von diesem nicht steuerbar.[167] Die Kündigung ist dann gerechtfertig, wenn der unternehmensinterne Ablauf gestört und eine Versetzung nicht in Frage kommt. Auch hier sollte die Kündigung unter Abwägung aller Interessen erfolgen.[168] Eine vorherige Abmahnung ist deshalb nicht erforderlich.

---

[161]   Vgl. Busemann (2006), S. 200 – 201.
[162]   Ausführlich zu Unternehmensentscheidung: BAG 17.06.1999 - 1 AZR 522/98 in NZA 1999, 1095 (1095); BAG 17.06.1999 - 2 AZR 141/99 in NZA 1999, 1098 (1098).
[163]   Vgl. Busemann (2006), S. 201.
[164]   Vgl. Schaub (2006), § 52, S 407; *Zimmer/Hempel* in: Dornbusch/Wolf KSchG, § 1 Rn 60.
[165]   Vgl. Freiberg (2007), S. 117; Schaub (2006), § 52, S. 407.
[166]   Vgl. Schaub (2006), § 52, S. 403 – 404.
[167]   Vgl. Schaub (2006), § 52, S. 403, *Zimmer/Hempel* in: Dornbusch/Wolf KSchG, § 1 Rn 56.
[168]   Vgl. Schaub (2006), § 52, S. 407.

3.4.3. Der Betriebsrat

Der Betriebsrat ist das von den Arbeitnehmer gewählte Schutzorgan auf Betriebsebene: § 1, 7ff BetrVG.[169] Er ist vor Ausspruch der Kündigung anzuhören (§ 102 BetrVG i.V.m. § 134 BGB), ansonsten ist die Kündigung unheilbar nichtig. Eine Heilung durch nachträgliche Anhörung ist nicht möglich. (§ 102 I S. 3 BetrVG).[170] Hier kann der Arbeitgeber nur erneut kündigen.

---

[169] Vgl. Dütz (2007), § 2, Rn 38.
[170] Vgl. Schaub (2006), § 49, S. 397.

4. Insolvenzrecht

4.1. Deutsches Insolvenzrecht

Die Insolvenzordnung in Deutschland trat am 01.01.1999 in Kraft[171] und ist verknüpft mit zahlreichen anderen Rechtsgebieten wie BGB, HGB, Steuerrecht, Gesellschaftsrecht und vor allem auch Arbeitsrecht.[172] Sie ersetzte in den neuen Bundesländern die Gesamtvollstreckungsordnung vom 06.06.1990[173], die nach dem Einigungsvertrag im Beitrittsgesetz galt, und in den alten Bundesländern die Konkursordnung vom 10.02.1877[174] und die Vergleichsordnung vom 26.02.1935[175].[176] Die Insolvenzordnung strebt zwei Ziele an: die gleichmäßige Befriedigung mehrerer Gläubiger eines insolventen Schuldners über die Verwertung des Schuldnervermögens (§ 1 S. 1 InsO)[177] und die Möglichkeit des Schuldners, nach einer Wohlverhaltensperiode sich von den Schulden befreien zu lassen (§ 1 S. 2, § 286ff InsO - Restschuldbefreiung).[178] Mittel dieser Ziele ist ein spezielles Verfahren der Zwangsvollstreckung, das Insolvenzverfahren. Das Insolvenzverfahren setzt somit das bei der Einzelvollstreckung geltende Präventions- oder Prioritätsprinzip (§ 804 III ZPO) außer Kraft und dient dem Rechtsfrieden[179], in dem es aus dem Schuldnervermögen unter der Aufsicht eines neutralen Verwalters alle Gläubiger zu gleichen Anteilen befriedigt.[180]

In der folgenden Abbildung 2 ist zu erkennen, dass nach Mitteilung des Statistischen Bundesamtes die Amtsgerichte für September 2007 2.285 Insolvenz von Unternehmen von insgesamt 12.357 Insolvenzen meldeten. Der Rückgang hält somit weiter an (Stand September 2007). Die Gerichte bezifferten die voraussichtlich offenen Forderungen mit 2,2 Milliarden Euro. Auf Unternehmensinsolvenzen, die nur knapp 1/5 der Insolvenzfälle ausmachen, entfielen jedoch knapp 56% der Forderungen.[181] Problematisch ist, dass die Ursachen für eine Insolvenz oft nicht durch das Insolvenz-

[171] Gesetz vom 05.10.1994, BGBl. I S. 2866, letzte Änderung Art. 9 G vom 12.12.2007, BGBl. I 2840, 2851 mit Wirkung zum 01.07.2008 (Art. 20 G vom 12.12.2007).
[172] Vgl. Peters - Lange (2005), Vorwort.
[173] BGBl. I Nr. 32 S. 285
[174] RGBl. S. 351.
[175] RGBl. I S. 321, ber. S. 356).
[176] Vgl. Foerste (2008), § 1 Rn 22; Seefelder (2007), S. 3.
[177] Vgl. *Fehl* in:Beck/Depre` (2003), § 9C Rn 3.
[178] Vgl. *Kießner* in: Braun InsO, § 1 Rn 3,4.
[179] Vgl. Foerste (2008), § 1, Rn 11.
[180] Vgl. Seefelder (2007), S. 12
[181] Vgl. Rainer Bach, Pressemitteilung Nr. 496 vom 07.12.2007 www.destatis.de, Stand 13.11.2008

recht berührt werden und so abzuwarten bleibt, ob eine weitere nachhaltige Verbesserung der Insolvenzergebnisse zu erwarten ist. Prognosen entwickeln sich eher dahin, dass Unternehmensinsolvenzen und Beschäftigungsverlust zunehmen.[182]

Abbildung 2 Insolvenzen in Deutschland I (2007)

Insolvenzen in Deutschland

Gegenstand der Nachweisung	September 2007[1)	Veränderung gegenüber September 2006 in %[2)	Januar bis September 2007[1)	Veränderung gegenüber Vorjahreszeitraum in %[2)
Insgesamt	12 357	− 3,7	122 843	+ 6,3
Unternehmen	2 285	− 15,8	21 305	− 13,6
Übrige Schuldner	10 072	− 1,0	101 538	+ 11,0
davon:				
− Verbraucher	7 825	+ 1,7	78 520	+ 16,0
− natürliche Personen als Gesellschafter	156	− 16,9	1 639	− 19,0
− ehemals selbstständig Tätige	1 907	− 9,3	19 729	+ 0,4
− Nachlässe	184	+ 17,9	1 650	+ 0,2

[1)Einschließlich Nordrhein-Westfalen, Saarland und Hamburg.
[2)Ohne Nordrhein-Westfalen, Saarland und Hamburg.

Quelle: Statistisches Bundesamt[183]

Abbildung 2 schlüsselt die Insolvenzen nach Verfahrensart auf, Abbildung 3 zeigt dagegen, wie viele Regelinsolvenzen 2007 auf welches Bundesland entfielen. Im Durchschnitt fällt auf, dass sich die Anträge im Vorjahresvergleich erhöht haben (Niedersachsen ist hierbei die große Ausnahme) bzw. nur leicht verringert haben. Erklärbar ist dies unter anderen durch die im Sommer 2007 beginnende US – Krise,

---

[182] Vgl. Seefelder (2007), S. 10.
[183] Vgl. Rainer Bach, Pressemitteilung Nr. 496 vom 07.12.2007 unter www.destatis.de, Stand 13.11.2008.

die sich im Frühjahr 2008 zur weltweiten Finanzmarktkrise ausweitete[184] und durch globale Vernetzung[185] auch deutsche Unternehmen kriseln und aufgeben ließ.[186]

Abbildung 3 Insolvenzen in Deutschland II

Deutschland 2007

Quelle: jeweiliges Insolvenzgericht

Nr	Anzahl InsO-Gerichte	Bundesländer	Anzahl Regelinsolvenzanträge mit Insolvenzplan per 12/06	per 12/07	Anzahl der gem. § 231 InsO zurückgewiesenen Insolvenzpläne per 12/06	per 12/07	Anzahl der Insolvenzplanverfahren nach gerichtl. Vorprüfung per 12/06	per 12/07
1	24	Baden-Württemberg	43	37	2	1	36	34
2	29	Bayern	34	43	4	2	26	39
3	1	Berlin	a	16	a	0	a	16
4	4	Brandenburg	13	11	1	2	7	8
5	2	Bremen	4	2	0	0	3	5
6	1	Hamburg	11	7	0	2	4	2
7	18	Hessen	7	8	0	0	7	8
8	4	Meckl.-Vorpommern	5	2	0	0	2	3
9	33	Niedersachsen	36	26	1	2	32	25
10	19	Nordrhein-Westfalen	44	41	1	2	32	32
11	22	Rheinland-Pfalz	16	15	0	0	18	13
12	1	Saarland	a	5	a	0	a	2
13	3	Sachsen	29	47	0	3	26	42
14	4	Sachsen-Anhalt	3	2	0	0	3	1
15	13	Schleswig-Holstein	10	9	0	0	7	7
16	4	Thüringen	3	7	0	1	3	1
	182	**Summe:**	258	278	9	15	206	238

Es sind keine Angaben möglich, da:	Anzahl	in %	Zahlen von:	167,00
a: statistisch nichts erfasst wurde,	10	5,49	Insolvenzgerichten; das	
b: der Zeitaufwand zu groß ist,	4	2,20	entspr. einer Beantwortungs-	
c: generell keine diesbzgl. Informationen herausgegeben werden,	1	0,55	quote von:	91,76 %
d: Rückantwort ohne Angaben,		0,00		
e: keine Rückantwort erfolgte.		0,00	Rücklaufquote	
Summe:	15	8,24	gesamt:	100,00 %

Quelle: Meldung des jeweiligen Amtsgerichtes[187]

Erkennbar in Abbildung 4 ist, dass sich die Grundhaltung der Manager in den Unternehmen im zweiten Halbjahr 2008 entsprechend negativ entwickelt, die die Geschäftsaussichten des nächsten halben Jahres so schlecht wie im Jahr der Wiedervereinigung und dem Rezessionsjahr 1993 einschätzen.[188] Somit wird sich die

---

[184] Vgl. *o.V.*, Schwarzer Tag im britischen Einzelhandel, Frankfurter Allgemeine Zeitung vom 28.11.2008, S. 16: Anmerkung: Woolworths (britische Variante des deutschen Woolworth) und MFI Retail melden Insolvenz an.
[185] Ursachen der raschen Ausbreitung sehen Experten vor allem in der Globalisierung und Verbriefung, die die Risiken aus US - Hypothekenbriefen, verpackt als Asset-Backed Securities weltweit streute: vgl. Ackermann (2007), S. 50.
[186] Vgl. www.tagesschau.de, o.V., Stand 25.11.2008.
[187] Vgl. http://www.schubra.de/de/veroeffentlichungen/aufsaetze.php, o.V., o.J. Stand 25.11.2008.
[188] Vgl. *Schultz*, Berliner Zeitung vom 25.11.2008, S. 9.

Rezession wahrscheinlich stärker auswirken als erwartet, denn schon jetzt plant jedes dritte Unternehmen Stellenabbau, um drohende Insolvenzen zu vermeiden.[189] Auch Frank - Jürgen Wiese, der Vorstandsvorsitzende der Bundesagentur rechnet mit einem Ansteigen der Arbeitslosenzahl; nach seiner Einschätzung hat der deutsche Arbeitsmarkt den Höhepunkt seines Aufschwungs im November 2008 erreicht und erheblich an Dynamik verloren.[190] Eine Umfrage der knapp 180 deutschen Arbeitsagenturen ergab, dass die Nachfrage nach Arbeitskräften spürbar nachlasse, gleichzeitig die Unternehmen mehr Entlassungen planen (Anzeigepflicht des § 17 KSchG) und häufiger Kurzarbeit in Anspruch nehmen.[191]

Abbildung 4 Unternehmenserwartungen 2009

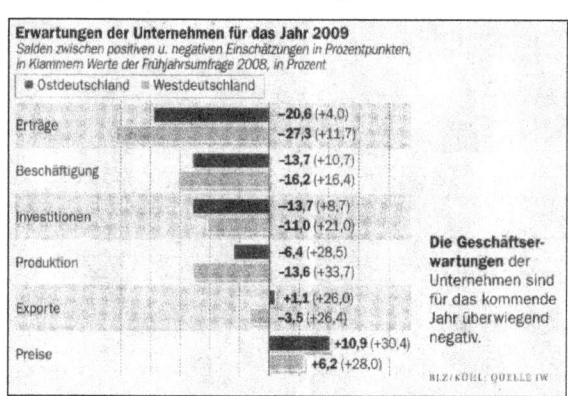

Quelle: Institut der deutschen Wirtschaft (IW)[192]

4.2. Europäisches Insolvenzrecht

Zentrale Bedeutung entfalten die Verordnung EG – VO 1346/2000 vom 29.05.2000[193] und die Richtlinie 2002/74/EG vom 23.09.2002, zur Arbeitgeberinsolvenz.[194] Für den Fall der Zahlungsunfähigkeit des Arbeitgebers fordert sie den

---

[189] Vgl. *Schultz*, Berliner Zeitung vom 25.11.2008, S. 9.
[190] Vgl. *o.V.*, Unternehmen planen mehr Entlassungen, Frankfurter Allgemeine Zeitung vom 28.11.
2008, S. 13
[191] Vgl. *o.V.*, Unternehmen planen mehr Entlassungen, Frankfurter Allgemeine Zeitung vom 28.11.
2008, S. 13
[192] Vgl. *Schultz*, Berliner Zeitung vom 25.11.2008, S. 9.
[193] ABl EG L 160 v. 30.06.2000.
[194] Vgl. *Kordel* in: Niesel SGB III (2007), § 183, Rn 7.

Ausgleich von Nachteilen für den Arbeitnehmer durch Garantieeinrichtungen.[195] Für den Fall der Zahlungsunfähigkeit des Arbeitgebers müssen diese vom Vermögen des Arbeitgebers unabhängigen Garantieeinrichtungen vor drei Nachteilen schützen: vor dem Ausfall von Arbeitsentgelt, vor dem Verlust der gesetzlichen Sozialversicherung und dem Ausfall etwaiger Ansprüche aus betrieblichen Zusatzversorgungssystemen. Erfüllt der Arbeitgeber diese Ansprüche aus dem Arbeitsverhältnis nicht, muss die Garantieeinrichtung einspringen. Hierzu gehört z.b. auch der Abfindungsanspruch wegen rechtswidriger Kündigung.[196]

Im Gegensatz zu anderen europäischen Staaten war in Deutschland für die Umsetzung der Richtlinie keine besondere Gesetzgebung erforderlich. Seit langem wird bei Insolvenz des Arbeitgebers Insolvenzgeld gewährt (§§ 183ff SGB III)[197], über das auch nicht entrichtete Pflichtbeiträge zur Sozialversicherung abgedeckt werden. Betriebliche Ruheansprüche sind durch den Pensionssicherungsverein und die §§7 ff. des Gesetzes zur Verbesserung der betrieblichen Altersversorgung (Betriebsrentengesetz) vom 19.12.1974[198] gewährleistet. Im Übrigen gilt die Insolvenzordnung.

---

[195] Vgl. *Kordel* in: Niesel SGB III (2007), § 183, Rn 8.
[196] Vgl. EUGH vom 16.12.2004, Rs. C – 520/03 – Valero in NZA 2005, 740, 743f, insbesondere zu kritischen Regelungen in § 184 I Nr. 1 SGB III, § 1a KSchG.
[197] Siehe 5.4.3.2.
[198] Gesetz vom 19.12.1974, BGBl. I S. 3610, geändert durch Art. 4 G vom 10.12.2007, BGBl I S. 2838

5. Insolvenzverfahren und Arbeitsrecht

5.1. Arbeitsrechtliches Ziel im Insolvenzverfahren

Ist der Arbeitgeber zahlungsunfähig geworden oder als juristische Person überschuldet, so kann auf eigenen Antrag oder auf Antrag einer der Gläubiger das Insolvenzverfahren über das Vermögen des Arbeitgebers eröffnet werden: § 13 I InsO.[199] Die Insolvenzordnung sieht hierbei für die arbeitsrechtlichen Konsequenzen der Insolvenz gegenüber den sonstigen arbeitsrechtlichen Regelungen bestimmte Modifikationen vor.[200] Ein möglichst frühzeitig geordnetes Verfahren soll verhindern, dass an für sich vorhandene Sanierungschancen durch den unkontrollierten privilegierten Zugriff einzelner Gläubiger zunichte gemacht werden (§§ 16 – 19 InsO).[201] Somit enden Reihenfolgeprinzip und daraus resultierender Wettlauf der Gläubiger mit Insolvenzeröffnung.[202] Arbeitnehmer als Nichtbeteiligte des Insolvenzverfahrens in seinem insolvenzrechtlichen Sinn sollen einen besonderen Schutz erfahren, da vorausgesetzt wird, dass ihre Stellung als Gläubiger aus dem Arbeitsverhältnis und der damit in Zusammenhang stehenden Abhängigkeit, insbesondere bei Kündigungen, besonders schutzwürdig ist;[203] hierzu enthält die InsO besondere arbeitsrechtliche Bestimmungen. Die Insolvenzordnung zielt weiterhin darauf ab, Arbeitnehmern Handlungschancen einzuräumen und sie stärker am Insolvenzverfahren zu beteiligen (siehe § 222 III InsO, § 67 II InsO).[204]

5.2. Arbeitsverhältnisse in der Insolvenz

Gemäß § 108 I InsO bestehen Arbeitsverhältnisses mit Wirkung für die Insolvenzmasse weiter fort. Somit hat die Eröffnung des Insolvenzverfahrens auf den Bestand des Arbeitsverhältnisses keine Auswirkung. Die Regelungen des allgemeinen Arbeitsrechts gelten weiter fort. An die Stelle des Arbeitgebers tritt gemäß § 80 InsO der Insolvenzverwalter (siehe 5.3.3.). Die Verfahrenseröffnung begründet keinen „wichti-

---

[199] Siehe auch Becker 82008), § 7 Rn 429, 432; beachte Beschränkung der Antragsbefugnis bei Insolvenzgläubigern.
[200] Vgl. Schrader/Schaube (2008), I Rn 51.
[201] Vgl. Foerste (2008), § 1, Rn 6; Seefelder (2007), Vorwort V.
[202] Vgl. Foerste (2008), § 1, Rn 8.
[203] Vgl. *Depre'* in:Beck/Depre' (2003), § 19 Rn 9; Schrader/Schaube (2008), I Rn 52.
[204] Vgl. *Depre'* in:Beck/Depre' (2003), § 19 Rn 9.

gen Grund" für eine fristlose Kündigung nach § 626 I BGB.[205] Der Insolvenzverwalter hat die Arbeitnehmer weiter zu beschäftigen und das Arbeitsentgelt aus der Masse zu zahlen (§§ 53, 55 I Nr. 2 2. Alt.). Dies gilt auch dann, wenn er wegen Betriebsstilllegung oder –einschränkung einzelne oder alle Arbeitnehmer nicht mehr beschäftigen kann (vgl. § 615 BGB). Zahlt der Insolvenzverwalter nicht, da die Masse nicht einmal zur völligen Berichtigung der Masseverbindlichkeiten ausreicht (vgl. §§ 208 – 209 InsO), dann erhalten die Arbeitnehmer Arbeitslosengeld vom Arbeitsamt.

Abbildung 5 Arbeitgeberstellung im Insolvenzverfahren[206]

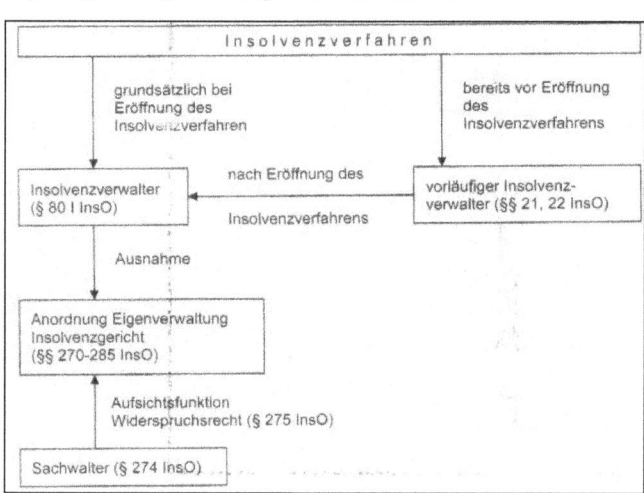

Forderungen auf rückständiges Arbeitsentgelt vor Eröffnung des Insolvenzverfahrens (zum Zeitpunkt der Eröffnung entstandene Ansprüche in Geld – und Naturalleistungen) sind entgegen der früheren Privilegierung gemäß § 38, 108 II InsO nur einfache Insolvenzforderungen (§ 108 III InsO). Gemäß §§ 28 I, 174 und 175 InsO muss der Arbeitnehmer diese Ansprüche innerhalb der gerichtlich festgesetzten Frist schriftlich zur Tabelle anmelden. Nach Eröffnung des Insolvenzverfahrens entstehende Ansprüche sind Masseverbindlichkeiten i.S.d. § 55 I Nr. 2 InsO. Der Schutz des Arbeitnehmers besteht in dem vom Arbeitsamt zu zahlenden Insolvenzgeld für die letzten drei rückständigen Arbeitsmonate (näheres Punkt 5.3.4.2.).

---

[205] Vgl. *Depre'* in:Beck/Depre' (2003), § 19 Rn 163.
[206] Vgl. Schrader/Straube (2008), II Rn 41.

Aus- und Absonderungsrechte gemäß §§ 47 – 52 InsO sind bei einem „normalen" Arbeitsverhältnis in der Regel nicht gegeben, hingegen die Beendigung der Wirksamkeit von Pfändungsverfügungen auf Arbeitslohn schon (§ 114 InsO).

5.3. Die Beteiligten

5.3.1. Das Insolvenzgericht

Ausschließlich sachlich zuständig ist das Amtsgericht, in dessen Bezirk ein Landgericht seinen Sitz hat (§ 2 InsO). Die ansonsten zulässige Prorogation ist gemäß § 2, 4 i.V.m. § 40 II Nr. 2 ZPO ausgeschlossen.[207]

Die örtliche Zuständigkeit richtet sich nach § 3 I InsO. Zuständig ist das Amtsgericht, in dessen Bezirk der Insolvenzschuldner seinen allgemeinen Gerichtsstand hat (§ 3 I S. 1 InsO) oder der Mittelpunkt der selbständigen wirtschaftlichen Tätigkeit des Insolvenzschuldners (hier: des Arbeitgebers) liegt (§ 3 I S. 2 InsO). Auch diese Zuständigkeit ist eine ausschließliche.[208] § 111 I ArbGG über die Vorrangigkeit der Arbeitsgerichte bei Streitigkeiten zwischen Arbeitgebern und Arbeitnehmern (insbesondere § 2 I Nr. 3 Lohnstreitigkeiten) tritt im Insolvenzverfahren zurück. Die Zuständigkeit begründet sich ausschließlich nach § 2 und 3 InsO, da das Insolvenzverfahren zum Schutz aller Gläubiger und des Rechtsfriedens den Rechtsstreit im Arbeitsrecht überlagert.

5.3.2. Der Insolvenzschuldner

5.3.2.1. Die rechtliche Stellung

Insolvenzfähigkeit ist die Fähigkeit, Insolvenzschuldner in einem Insolvenzverfahren zu sein.[209] Sie sagt aus, dass über das Vermögen der betreffenden Person oder des Gebildes ein Insolvenzverfahren eröffnet werden kann. Somit sind nach § 11 I InsO alle natürlichen (§ 1 BGB) und juristischen Personen des Privatrechts[210] insolvenzfähig.[211] § 11 II Nr. 1 InsO lässt die Eröffnung des Insolvenzverfahrens auch über das

---

[207] Vgl. Foerste (2008), § 5 Rn 35 Musielak (2005), § 2 Rn 44.

[208] Vgl. Foerste (2008), § 5 Rn 36; . *Kießner* in: Braun InsO, § 3 Rn 2. .

[209] Vgl. *Bußhardt* in: Braun InsO (2007), § 11 Rn 1.

[210] Die juristische Person wird mit Eröffnung aufgelöst: § 262 I Nr. 3 AktG, § 60 I Nr. 4 GmbHG, § 42 BGB: vgl. Foerste (2008), § 4, Rn 27.

[211] Vgl. Becker (2008), § 7 Rn 285,287.

Vermögen bestimmter Gesellschaften zu, wobei die GbR gemäß § 705ff BGB als nicht rechtsfähige Personengesellschaft eingestuft wird[212] – im Gegensatz zur BGH - Rechtssprechung.[213] Soweit man gemäß BGH – Rechtsprechung die Rechtsfähigkeit der GbR bejaht, ergibt sich die Insolvenzfähigkeit aus § 11 I S. 1 InsO.

Die Handlungsfähigkeit im Insolvenzverfahren ergibt sich aus § 4 InsO i.V.m. den entsprechenden §§ der ZPO.[214] Der Insolvenzschuldner bleibt zwar Inhaber seines Vermögens und verliert auch nicht die Geschäftsfähigkeit gemäß § 104ff. BGB.[215] Wohl verliert er jedoch mit Eröffnung des Insolvenzverfahrens (§ 27 II Nr.3, III InsO) die Befugnis, sein zur Insolvenzmasse gehörendes, d.h. zum Zeitpunkt der Insolvenz- eröffnung vorhandenes oder während des Verfahrens erworbenes Vermögen zu verwalten, darüber zu verfügen (§ 80 I InsO) oder zu prozessieren (§§ 85 f. InsO i.V.m. § 240 ZPO). Nach Verfahrenseröffnung vorgenommene Verfügungen des Insolvenzschuldners über Gegenstände der Insolvenzmasse (z.B. Geldverfügungen) sind nach § 81 I S. 1 InsO aufgrund des Verfügungsverbotes nach § 21 II S. 1 Nr. 2 InsO unwirksam.[216] Verfügung ist hierbei ein Rechtsgeschäft, durch das auf ein bestehendes Recht unmittelbar eingewirkt wird.[217] Nach der Verfahrenseröffnung vorgenommen und damit unwirksam ist eine Verfügungshandlung selbst dann, wenn ein Tatbestandsmerkmal nach der Verfahrenseröffnung liegt.[218] Unwirksame Verfü- gungen des Insolvenzschuldners werden jedoch analog § 185 II BGB wirksam, wenn sie der Insolvenzverwalter, auf den die Verfügungsbefugnis nach § 80 I InsO über- geht, genehmigt.[219]

5.3.2.2. Exkurs Eigenverwaltung

Die InsO sieht in Abweichung zum Regelinsolvenzverfahren in den §§ 270 – 285 InsO die Eigenverwaltung vor, deren Abweichungen die Eigenverwaltung für ein Unternehmen in der Krise durchaus attraktiv werden lassen[220], denn kein anderer

---

[212] Vgl. *Kießner* in: Braun InsO (2007), § 1 Rn 3,4.
[213] Im Gegensatz zu BGH vom 09.01.2007Az. II ZR 331/00 = BGHZ 146, 341 = NJW 2001, 1056 : Teilrechtsfähigkeit der GBR oder BGB – Gesellschaft.
[214] Vgl. Becker (2008), § 7 Rn 302.
[215] Vgl. *Kroth* in: Braun InsO (2007), § 80 Rn 12.
[216] Vgl. auch *Kroth* in: Braun InsO (2007), § 80 Rn 7.
[217] Vgl. Foerste (2008), § 16 Rn 182.
[218] Vgl. Häsemeyer (2003), Rn 10,12; *Ott/Vuia* in MK – InsO (2007), § 81, Rn 9-10.
[219] Vgl. *Kroth* in: Braun InsO (2007), § 81 Rn 8.
[220] Vgl. Riggert (2000), S. 36.

kennt das Unternehmen und seine Einbettung in die Branche so gut wie der Schuldner.[221] Möglich ist diese, wenn mit der Unternehmenssanierung vor der Insolvenz begonnen und von der Mehrheit der Gläubiger gebilligt wurde, die Sanierung aber an einer Gläubigerminderheit scheiterte.[222] Wenn das Gericht eine Eigenverwaltung des Schuldners zulässt, kann der Schuldner im Ausnahmefall die Verfügungs- und Verwaltungsmacht behalten (§§ 270ff InsO).[223] Dies wirkt sich auf die Abwicklung von Schuldverhältnissen zwischen Insolvenzschuldner und (Insolvenz)Gläubiger aus.[224] Bei Entstehung von Guthabenforderungen nach Eröffnung von Eigenverwaltungsinsolvenzverfahren können die Gläubiger ungeachtet der §§ 94 – 96 InsO aufrechnen. Interessant wird dies bei Arbeitsverhältnissen (denn ein solches ist ein Schuldverhältnis), wenn ein Arbeitnehmer aufgrund von Haftungsansprüchen oder Schadensersatzforderungen ihm gegenüber mit Arbeitslohnforderungen aufrechnet. Dieser Fall wird jedoch eher seltener eintreten.

Das Verfahren der Eigenverwaltung ist jedoch vorsichtig zu betrachten, da das richterliche Privileg, den Insolvenzverwalter zu bestellen, in diesen Fällen umgangen werden kann. Die Gefahr eines Missbrauchs, wenn sich ein Insolvenzverwalter zum Geschäftsführer des seine eigene Insolvenz verwaltenden Unternehmens bestellt, ist nicht so ohne weiteres zu unterschätzen.[225] Andererseits kann das Verfahren bei der Abwicklung von Konzerninsolvenzen mit mehreren verbundenen insolventen Unternehmen auch durchaus Vorteile bieten.[226] Außerhalb der Eigenverwaltung wäre eine Weiterführung aufgrund der Notwendigkeit mehrerer beteiligter Insolvenzverwalter und des engen zeitlichen Rahmen nicht möglich.[227] Bekannte Beispiele sind die Grundig AG[228] [229] und die KirchMedia AG[230] [231], aufgrund dessen eine Vielzahl von Arbeitsplätzen gerettet bzw. zerschlagen[232] wurde. Grundig und Kirch Media sind zwei entgegen gesetzte Fallgestaltungen, die Vorteile und Nachteile, Kritik und Fürsprache für die Eigenverwaltung verdeutlichen.

---

[221] Vgl. Foerste (2008), § 37 Rn 593.
[222] Vgl. Seefelder (2007), S. 231.
[223] Vgl. Riggert (2000), S. 38.
[224] Vgl. Foerste (2008), § 37 Rn 608, 609.
[225] Vgl. Seefelder (2007), S. 232.
[226] Vgl. Theinert (2004), S. 9, Stand 13.11.2008.
[227] Vgl. Theinert (2004), S. 9, Stand 13.11.2008.
[228] Reuter (2006), S. 3, Stand 13.11.2008.
[229] Vgl. www.handelsblatt.com (28.05.2003,) o.V., Stand 13.11.2008
[230] Anhang 1
[231] Vgl. Beitrag vom 08.04.2002 unter www.tecchannel.de (Eigenverwaltung), o.V., Stand, 13.11. 2008; Reuter (2006), S. 1, Stand 13.11.2008.
[232] Vgl. Karasch (15.06.2001), S. 1, Stand 13.11.2008

5.3.2.3 Der Arbeitgeber als Insolvenzschuldner

Bei Verfügungen hat der Arbeitgeber zu beachten, dass alle Tatbestände der Verfügung vor der Insolvenzeröffnung liegen. Insbesondere betrifft dies Kündigungen. So ist eine vom nachmaligen Insolvenzschuldner vor Verfahrenseröffnung abgegebene Kündigungserklärung unwirksam, wenn sie erst nach Verfahrenseröffnung zugeht (§ 130 I BGB)[233]. Weiterhin ist zu beachten, dass gemäß § 81 II InsO Verfügungen über Arbeitseinkommen unwirksam sind, soweit sie auf die Zeit nach Beendigung des Insolvenzverfahrens fallen, obwohl diese Bezüge nach § 35 InsO nicht zur Insolvenzmasse gehören. Grund hierfür ist, diese Bezüge für die Verteilung im Rahmen eines möglichen Verfahrens der Restschuldbefreiung zur Verfügung zu halten (§§ 2387 II, 292 I Inso).[234]

5.3.3 Der Insolvenzverwalter
5.3.3.1 Die Person

Der Insolvenzverwalter hat eine nach § 56 InsO geschäftskundige und von Gläubigern und Schuldnern unabhängige natürliche Person zu sein um muss seine Aufgaben und Rechte höchstpersönlich übernehmen und erfüllen.[235] Der Verwalter muss vom Insolvenzgericht ernannt und von diesem Gericht beaufsichtigt werden: § 58 I InsO. Geprüft wird aber nur die Rechtmäßigkeit, nicht die Zweckmäßigkeit.[236] Wirkung erlangt die Ernennung erst mit Annahme des Amtes.[237] In der Regel handelt es sich um fachkundige Rechtsanwälte, die sich auf eine Tätigkeit als Insolvenzverwalter spezialisiert haben.[238] Der Erfolg des Verfahrens hängt wesentlich von den Qualitäten des ernannten Verwalters ab[239]; die Auswahl findet daher immer im Spannungsfeld von Gläubigerinteressen und Bewerbern für die Insolvenzverwaltung statt.[240] Eine

---

[233] BGHZ 27, 360 (366).
[234] Vgl. Begründung zum RegE einer InsO, BT - Drs. 12/2443, S. 136 unter www.insolvenzrecht.de/inhalte/materialien/rege-inos-1992/ Stand 13.11.2008
[235] Vgl. Ley in:Beck/Depre` (2003), § 7 Rn 9.
[236] Vgl. Foerste (2008), § 6 Rn 49.
[237] Vgl. Foerste (2008), § 6 Rn 48.
[238] Vgl. Foerste (2008), § 6 Rn 48; Kind in: Braun InsO, § 80 Rn 9.
[239] Vgl. Foerste (2008), § 6 Rn 48; Kind in: Braun InsO, § 56 Rn 6.
[240] Vgl. Foerste (2008), § 6 Rn 48a;Kind in: Braun InsO, § 80 Rn 27ff Mandatskollisionssachverhalte, Rn 38ff Folgekonfliktfälle; auch Ley in:Beck/Depre` (2003), § 7 Rn 9.

fehlerhafte Auswahl einer etwa untauglichen Person kann eine Richterhaftung durch Auswahlverschulden nach § 839 BGB i.V.m. Art. 34 GG bedingen.[241] Vorrangig hat der Insolvenzverwalter gemäß § 154 InsO ein Inventar der Masse anzulegen und die Masse gegen Schuldner und Gläubiger zu sichern.

5.3.3.2. Der vorläufige Insolvenzverwalter

Zwischen der Einreichung des Eröffnungsantrages und der Entscheidung des Insolvenzgerichtes, ob ein Insolvenzverfahren tatsächlich eröffnet werden kann, vergehen oft mehrere Wochen, wenn nicht gar Monate.[242] Während dieser Zeit besteht die große Gefahr, dass sich die Situation des Schuldners weiter verschlechtert.[243] Einerseits zehren die laufenden Kosten an dem noch vorhandenen Vermögen, andererseits können weitere Maßnahmen von Gläubigern, aber auch seitens des Schuldners negative Auswirkungen auf das Insolvenzverfahren verursachen. Gerade nach Erreichung eines Insolvenzantrages versuchen viele Gläubiger ihre Stellung zu verbessern, um eventuelle Forderungen noch vor Eröffnung des Insolvenzverfahrens einzutreiben, um die ansonsten nur zu erwartende gerichtliche Quote zu umgehen.[244] Zur Sicherung des Unternehmensvermögens kann daher noch vor der Eröffnung des Insolvenzverfahrens ein vorläufiger Insolvenzverwalter nach § 21 II Nr. 1 InsO bestellt werden. Das Gericht hat hierbei die Tatsache zu berücksichtigen, dass diese Bestellung einen großen Eingriff in die Rechte des Schuldners bedeutet. Insofern mildere Maßnahmen das gleiche Ziel erreichen, sind diese anzuwenden.[245] Das Gericht kann den vorläufigen Insolvenzverwalter mit unterschiedlichen Rechten ausstatten. Die Rechtsstellung ist abhängig vom Beschlussinhalt des Gerichtes.[246] In der Variation des „schwachen" Insolvenzverwalters gemäß § 22 II InsO hat der Insolvenzverwalter keine Verfügungsmacht und nimmt nur Sicherungsfunktionen vor. Verfügungen des Schuldners hängen von der Zustimmung des Verwalters ab.[247] Der

[241] Vgl. *Ley* in:Beck/Depre` (2003), § 7 Rn 11.
[242] Vgl. *Kind* in: Braun InsO (2007), § 21 Rn 1.
[243] Vgl. Foerste (2008), § 11 Rn 97; *Kind* in: Braun InsO (2007), § 21 Rn 1.
[244] Vgl. Becker 82008), § 14 Rn 613.
[245] Vgl. *Kind* in: Braun InsO (2007), § 21 Rn 8.
[246] Vgl. *Kind* in: Braun InsO (2007), § 22 Rn 28.
[247] Vgl. Schrader/Schaube (2008), II Rn 36.

vorläufige Insolvenzverwalter darf die Masse nicht verwerten, er darf allerdings das Unternehmen weiter fortführen und mit Zustimmung des Gerichtes auch stilllegen.[248] In Ausnahmefällen geht gemäß § 22 I InsO die Verwaltungs- und Verfügungsbefugnis auf den vorläufigen Insolvenzverwalter über. Hierbei erhält der Insolvenzverwalter die Rechtsposition eines „starken" vorläufigen Insolvenzverwalters. In diesem Fall hat der Schuldner schon vor Eröffnung des Insolvenzverfahrens nicht mehr viel zu sagen; er wird vom starken Insolvenzverwalter ersetzt.[249] Eine wesentliche Folge ist, dass alle vom starken Insolvenzverwalter begründeten Verbindlichkeiten Masseverbindlichkeiten werden, die nach Eröffnung des Insolvenzverfahrens vor den regulären Insolvenzforderungen zu befriedigen sind[250], insbesondere Ansprüche aus Dauerschuldverhältnissen wie Arbeitsverträge oder Mietverträge.[251] Bereits im Eröffnungsverfahren kann somit jede Sanierungsmöglichkeit zunichte gemacht werden, denn eventuell vorhandenes Unternehmensvermögen wird so schon von Masseverbindlichkeiten aufgezehrt werden.[252] Mittel zur Sanierung sind dann nicht mehr gegeben. Brisant war dies im Fall der Fortführung von Arbeitsverhältnissen insoweit, als dem vorläufigen Verwalter eine Haftung nach § 61 InsO drohen konnte, weil er die Arbeitnehmer weiterbeschäftigte und das Unternehmen weiter fortgeführt hat.[253] Insoweit wurde die nach § 1 InsO vom Gesetzgeber als Ziel formulierte Unternehmenssanierung[254] zunichte gemacht. Die Insolvenzgerichte bemühten sich daher, andere Wege zu beschreiten. Entschärft wurde das Haftungsrisiko des Verwalters nunmehr durch die Zahlung des Insolvenzgeldes (siehe 5.3.4.2.) durch die Bundesagentur für Arbeit - möglich auch im Wege der Vorfinanzierung zur Entlastung der insolventen Unternehmenskasse.[255] Gemäß § 55 III S. 1 InsO werden Lohnforderungen Insolvenzforderungen nach § 38 InsO, wenn sie auf die Bundesagentur für Arbeit übergehen; das lässt Masseforderungen überschaubar bleiben.[256] Die Bestellung eines vorläufigen starken Insolvenzverwalters unterbricht Streitigkeiten und Beweissicherungsverfahren ebenso wie die Eröffnung und Bestellung eines endgültigen Verwalters.[257] Dies gilt im Grundsatz für alle Rechtsstreitigkeiten,

---

[248] Vgl. *Kind* in: Braun InsO (2007), § 22 Rn 28.
[249] Vgl. Foerste (2008), § 11 Rn 98.
[250] Vgl. Becker (2008), § 15 Rn 732.
[251] Vgl. Foerste (2008), § 11 Rn 99.
[252] Vgl. Foerste (2008), § 6 Rn 100.
[253] Vgl. Foerste (2008), § 11 Rn 100; *Kind* in: Braun InsO, § 22 Rn 15.
[254] Vgl. insoweit *Fehl* in:Beck/Depre` (2003), § 9C Rn 136: Prüfung der Sanierungsfähigkeit.
[255] Vgl. Foerste (2008), § 11 Rn 101; *Kind* in: Braun InsO, § 22 Rn 26.
[256] Vgl. *Kind* in: Braun InsO (2007), § 22 Rn 9.
[257] Vgl. Becker (2008), § 15 Rn 705.

somit auch für arbeitsgerichtliche Verfahren.[258] Als weiterer Grundsatz gilt gemäß § 108 InsO, dass Arbeitsverhältnisse durch die Insolvenz nicht berührt werden und eine Weiterbeschäftigung der Arbeitnehmer weiter zu erfolgen hat, deren Verfügungs- und Verwaltungsmacht dem starken Insolvenzverwalter oder aber dem Schuldner mit Zustimmung des schwachen Insolvenzverwalters obliegen.

5.3.3.4. Haftung
5.3.3.4.1. Haftung gegenüber Beteiligten

Gemäß § 60 I InsO kann jeder, gegenüber dem eine insolvenzrechtliche Pflicht bestand (Insolvenzschuldner, Schuldner, Aus- und Absonderungsberechtigte, Massegläubiger) bei Pflichtverletzung des Insolvenzverwalters Schadensersatz fordern. § 60 I S. 2 InsO präzisiert die Haftung insoweit, als diese nur bei Verschulden (§ 276 II BGB) greift, wenn der Insolvenzverwalter die Sorgfalt eines ordentlichen und gewissenhaften Verwalters verletzt hat. Hierbei ist aber der Istzustand des Unternehmens im Zeitpunkt der Insolvenzeröffnung zu bedenken (desolate Zustände) und zu berücksichtigen, dass der Verwalter als nunmehriger Manager ein unbekanntes Unternehmen führen muss.[259] Bei Inanspruchnahme von Gehilfen greift die Zurechnung des Sorgfaltsverstoßes nach § 278 S. 1 BGB. In diesem Fall ist dem Insolvenzverwalter zu Gunsten auszulegen, dass er das fremde Personal, das er einsetzen musste, nicht kennt. In diesem Fall greift eine Haftung nur, wenn er versäumte, auf offensichtliche Unfähigkeit zu achten, keine Überwachung besorgte und gewichtige Entscheidungen nicht selbst getroffen hat.[260]

5.3.3.4.2. Haftung gegenüber Massegläubigern

Eine verschärfte Haftung nach § 61 S. 1 InsO greift, wenn der Verwalter eine Masseschuld, die er begründet, nicht voll erfüllen kann. Können diese privilegierten Schulden nicht beglichen werden, haftet er mit seinem Privatvermögen.[261] Nach § 61 S. 2 InsO gilt dies nicht, wenn der Insolvenzverwalter nicht erkennen konnte, dass

---

[258] Vgl. Becker (2008), § 157 Rn 705.
[259] Vgl. Foerste (2008), § 6 Rn 54.
[260] Vgl. Foerste (2008), § 6, Rn 54
[261] Vgl. *von Bismarck* in: Beck/Depre` (2003), § 33 Rn 1.

die Masse nicht für die Begleichung der Masseschulden reichen würde.[262] Hier trifft den Verwalter jedoch die Beweislastumkehr, dass ihn kein Verschulden trifft, da er nach kaufmännischen Gesichtspunkten ständig eine plausible Liquidationsrechnung erstellte und aktualisierte, sowie die Geschäftsentwicklung unter Berücksichtigung von Außenständen realistisch einschätzte.[263] Verwiesen sei hier besonders auf die Zahlung von Arbeitslöhnen ab Insolvenzeröffnung, Abführung von Lohnsteuern und Sozialabgaben sowie laufende Kosten des Unternehmens wie Strom, Wasser, Grundstücksabgaben, Versicherungen etc., die gemäß § 55 I InsO Masseschulden darstellen und aus der Masse zu befriedigen sind. Somit soll § 61 InsO vorrangig die Gläubiger schützen, die eine Gegenleistung erbringen, somit einen Vertrag mit dem Insolvenzverwalter geschlossen haben[264] (Arbeitsvertrag, Mietvertrag, Energieliefervertrag, Versicherungsvertrag).

Diese Haftung nach § 61 InsO für fortlaufende Forderungen aus Arbeitsverhältnissen wurde für den „starken" Verwalter durch die Übernahme des Insolvenzgeldes der Bundesagentur für Arbeit entschärft.[265] Früher war insoweit problematisch, dass der „starke Insolvenzverwalter" im Rahmen der Zielsetzung des Insolvenzverfahrens das Unternehmen weiter fortführen sollte, dies ohne Hilfe der Arbeitnehmer jedoch nicht möglich war. Deren Lohnforderungen waren Masseschulden, die die Masse aufzehren konnten und die Haftung des Insolvenzverwalters nach § 61 InsO begründeten, weil er das Unternehmen fortgeführt hatte.[266] Die Praxis behalf sich bis 2001 daher mit der Bestellung von „nur schwachen" Insolvenzverwaltern, für die § 55 II InsO nicht gilt.[267]

Hinsichtlich der abzuführenden Lohnsteuer aus laufenden Arbeitsverhältnissen ist der Insolvenzverwalter als Vermögensverwalter i.S.d. § 34 III AO verpflichtet, die steuerlichen Verpflichtungen des Schuldners wie ein gesetzlicher Vertreter zu erfüllen, insbesondere hat er dafür zu sorgen, dass Abgabepflichten aus laufenden Mitteln erfüllt werden.[268] Bei Verletzung dieser Pflichten haftet der Insolvenzverwalter nach § 69 AO i.V.m. § 42d EStG für die nicht angemeldete oder nicht einbehaltene Lohnsteuer bei vorsätzlichem oder grob fahrlässigem Verhalten und kann mit Haf-

---

[262] Vgl. *von Bismarck* in: Beck/Depre` (2003), § 33 Rn 41.
[263] Vgl. Foerste (2008), § 6 Rn 55
[264] Vgl. Foerste (2008), § 6 Rn 55.
[265] Vgl. Foerste (2008), § 11 Rn 101.
[266] Vgl. Foerste (2008), § 11 Rn 100.
[267] Vgl. Foerste (2008), § 11 Rn 100.
[268] Vgl. Boochs/Dauernheim (2008), Rn 218 (S. 169).

tungsbescheid nach § 191 I AO vom Finanzamt in Haftung genommen werden (siehe auch 5.8.1.).[269]

Die Besonderheit u.a. bei Arbeitsverhältnissen besteht darin, dass der Insolvenzverwalter für die Erfüllung von Arbeitslohn als Masseverbindlichkeit sowohl insolvenzrechtlich als auch steuerrechtlich haften kann.[270]

5.3.3.4.3. Deliktische Haftung

Der Vollständigkeit halber zu nennen ist die deliktische Haftung, z.B. unerlaubte Handlungen nach § 823 BGB, die unabhängig von § 60ff InsO greift[271] und analog § 31 BGB den Rang einer Masseschuld nach § 55 I Nr. 1 InsO hat.

5.3.4. Der Arbeitnehmer als Insolvenzgläubiger

5.3.4.1. Der Arbeitsgeldanspruch

Die Interessen der Arbeitnehmer erfahren für den Fall der Insolvenz eine umfassende Regelung in den §§ 108 und 113ff InsO. Für die Bestimmung des § 108 I InsO gilt grundsätzlich, dass Dienstverhältnisse mit Wirkung für die Masse weiter bestehen.[272] Die Eröffnung des Insolvenzverfahrens selbst hat somit keinen Einfluss auf den Fortbestand des Arbeitsverhältnisses und der Insolvenzverwalter rückt in die Arbeitgeberfunktion ein[273]; er muss die Arbeitnehmer weiterbeschäftigen und Löhne und Gehälter aus der Masse bezahlen.[274] Rückständige Löhne aus der Zeit vor Eröffnung des Insolvenzverfahrens sind gemäß § 108 III InsO einfache Insolvenzforderungen. Diese für Arbeitnehmer nachteilige Regelung wird weitest-gehend dadurch kompensiert, dass für die letzten rückständigen drei Monate ein Arbeitnehmer gemäß § 183ff SGB III Insolvenzgeld und ggf. gemäß § 123 InsO Sozialplanansprüche beanspruchen und geltend machen kann. In einem Sozialplan können kündigungsbedingte wirtschaftliche Nachteile durch Vereinbarung von bis zu zweieinhalb Monatsgehältern ausgeglichen werden (§ 123 I InsO). Hierbei handelt es sich um Masseverbindlichkei-

---

[269] Vgl. Boochs/Dauernheim (2008), Rn 218 (S. 169).
[270] Vgl. Boochs/Dauernheim (2008), Rn 222 (S. 172).
[271] Vgl. Foerste (2008), § 6 Rn 56, 79.
[272] Vgl. auch *Depre´/Heck* in: Beck/Depre´ (2003), § 19 Rn 55.
[273] Vgl. *Kroth* in: Braun InsO (2007), § 80 Rn 33; *Schmidt* in: NK – SGB III (2008), § 183 Rn 31.
[274] Vgl. Foerste (2008), § 8 Rn 75, 78.

ten (§ 123 II InsO), so dass auch die Lohnsteuer als Masseverbindlichkeit nach § 55 I Nr. 2 InsO einzustufen ist.

Gemäß §§ 28 I, 174, 175 InsO hat der Arbeitnehmer seine im Eröffnungszeitpunkt vorhandenen Ansprüche innerhalb einer gerichtlich festgesetzten Frist schriftlich zur Tabelle anmelden. Hierbei muss es sich um Forderungen in Geld- oder Naturalleistungen handeln, die im weitesten Sinn als Gegenleistung geschuldet werden.[275]

Die Dreimonatsfrist des § 113 InsO gilt ohne Ausnahme und kippt längere einzelvertragliche, aber auch längere tarifvertragliche Kündigungsfristen,[276] schafft jedoch keinen neuen Kündigungsgrund.[277] Das BAG führt dazu aus, dass die gesetzlich festgelegte Höchstlänge von drei Monaten in der Insolvenz hierbei keinen verfassungswidrigen Eingriff in die Tarifautonomie darstellt und kein Verstoß gegen Art. 9 III GG vorliegt.[278] Zweck und Ziel ist nach Abwägung der sozialen Belange der Arbeitnehmer gegen die Insolvenzgläubiger ist die Begrenzung der Entstehung von Masseschulden, insoweit kein Beschäftigungsbedarf mehr besteht und entstehende Arbeitnehmeransprüche bei längeren Kündigungsfristen zu Lasten der anderen Gläubiger auszugleichen sind.[279]

5.3.4.2. Das Insolvenzgeld

Im Falle der Insolvenz erhalten nach deutschem Recht im Inland beschäftigte Arbeitnehmer als Ausgleich für rückständigen Lohn[280] vor Eröffnung der Insolvenz ihres Arbeitgebers Insolvenzgeld: § 3 I Nr. 10, § 116 Nr. 5, §§ 183ff., §§ 323ff. SGB III. Europarechtlich sicherte wie schon erwähnt die RL 80/987/EWG den Schutz des Arbeitnehmers bei Insolvenz des Arbeitgebers ab. Hierbei gab es teilweise Zweifel an der Konformität von nationalem (deutschem) Recht mit Europarecht.[281] Nach der Neufassung und ÄnderungsRL 2002/79/EG[282] vom 23.09.2002 geht der deutsche

---

[275] Vgl. *Schmidt* in: NK – SGB III (2008), § 183 Rn 69.
[276] Vgl. *Beck* in: Braun InsO (2007), § 113 Rn 13.
[277] Vgl. *Beck* in: Braun InsO (2007), § 113 Rn 8: Kündigungsgründe bestimmen sich nach KSchG und anderen gesetzlichen Bestimmungen.
[278] Vgl. BAG, Urt v 16.06.1999, 4 AZR 191/98, NZA 1999, 1331.
[279] Vgl. BAG, Urt v 16.06.1999, 4 AZR 191/98, NZA 1999, 1331.
[280] Vgl. *Krodel* in: Niesel (2007), § 183, Rn 105, 107: Voraussetzung ist ein durchsetzbarer Arbeitsentgeltanspruch, der weder erfüllt, verwirkt noch durch Ausschlussfristen ausgeschlossen ist; siehe auch *Schmidt* in: NK – SGB III (2008), § 183 Rn 72, 74.
[281] Vgl. Peters – Lange (2005), II Rn 82; siehe EUGH vom 15.05.2003, EuGHE I, 2003, S. 4791.
[282] Abl EG L 270/10.

Schutz des SGB III nunmehr über den Mindestrahmen der Richtlinie hinaus.[283] Die Vorschriften über das Insolvenzgeld legen hierbei den Begriff des Arbeitnehmers nach §§ 117, 118 SGB III, § 7 SGB IV zugrunde; von einer Legaldefinition im SGB III wurde abgesehen.[284] Arbeitnehmer ist somit der Beschäftigte in einem Arbeitsverhältnis; insoweit deckt sich der Arbeitnehmerbegriff des SGB mit dem des Arbeitsrechts[285]; gemäß § 13 SGB III i.V.m. § 12 II SGB IV gelten beispielsweise Heimarbeiter als anspruchsberechtigte Beschäftigte, Auszubildende sind gemäß § 7 II SGB IV den Arbeitnehmern gleichgestellt.[286]

Insolvenzgeld muss bei der Bundesagentur für Arbeit beantragt werden und wird von dieser für maximal drei Monate gezahlt.[287] Hierbei gehen im Wege der Legalzession gemäß § 187 SGB III die Ansprüche auf Arbeitsentgelt auf die Bundesagentur über. Dieser Anspruchsübergang schon mit Antragstellung abweichend vom § 115 SGB X (erst mit Leistungsgewährung) dient der Rechtsklarheit und Planungssicherheit, da es dem Insolvenzverwalter im Hinblick auf diesen Rechtsanspruch möglich ist, eine Vorfinanzierung bei den Gläubigerbanken zu erwirken und das Unternehmen gemäß Ziel der InsO fortzuführen.[288] Im Gegenzug ist die Bundesagentur in der Lage, frühzeitig alle notwendigen Schritte zur Realisierung der Ansprüche wie die Anmeldung zur Insolvenztabelle zu unternehmen.[289]

Abbildung 6 Zeitlicher Zusammenhang zwischen Insolvenzverfahren und Insolvenzgeld[290]

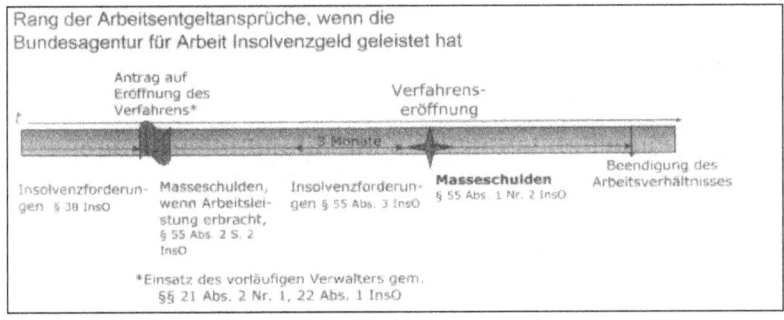

---

[283] Vgl. *Krodel* in: Niesel (2007), § 183, Rn 7.
[284] Vgl. Peters – Lange (2005), II Rn 86; *Schmidt* in: NK – SGB III, § 183 Rn 6.
[285] Vgl. *Krodel* in: Niesel (2007), § 183, Rn 19; Peters – Lange (2005), II Rn 86; *Schmidt* in: NK – SGB III (2008), § 183 Rn 6.
[286] Vgl. auch Peters – Lange (2005), II Rn 87, 88.
[287] Vgl. Peters – Lange (2005), II Rn 119.
[288] Vgl. Peters – Lange (2005), I/II Rn 82.
[289] Vgl. Peters – Lange (2005), I/II Rn 170.
[290] Vgl. Peters – Lange (2005), II/I Rn 241.

Möglich ist unter bestimmten Voraussetzungen gemäß § 186 SGB III auch ein Vorschuss, allerdings nur für Arbeitnehmer, deren Arbeitsverhältnis beendet ist; der Grund hierfür besteht darin, dass für diese Gruppe von Personen der Insolvenzgeldzeitraum vor Insolvenzereignis feststeht.[291]

Ebenfalls geschützt für den Zeitraum von bis zu drei Monaten vor dem Insolvenzereignis ist gemäß § 208 SGB III durch die Insolvenzausfallversicherung der auf den Arbeitsentgelt entfallende Gesamtsozialversicherungsbeitrag.[292] Aufgrund dessen, dass es sich um einen eigenen, unabhängig vom Insolvenzgeld Anspruch handelt, sind die Sozialversicherungsbeiträge durch die Arbeitsagentur auch dann zu entrichten, wenn das zugrunde liegende Arbeitsentgelt nicht rückständig ist.[293] Dies gilt allerdings aufgrund der Abhängigkeit des Beitragsanspruches vom Arbeitsentgeltanspruch nicht, soweit ein Anspruch auf Arbeitsentgelt entfällt oder der Arbeitnehmer durch Aufhebungsvertrag verzichtet.[294] Durch Sicherstellung der Beitragszahlung flankiert die Norm den Insolvenzschutz des Arbeitsentgelts[295] und schützt den Arbeitnehmer vor Minderung seiner Rentenanwartschaften, da gemäß § 197 I SGB IV der Versicherungsschutz von der tatsächlichen Beitragszahlung abhängig ist.[296]

Die Umlage für das Insolvenzgeld wird von den Berufsgenossenschaften bei der Solidargemeinschaft der Arbeitgeber erhoben.[297] Somit finanzieren die Arbeitgeber das Insolvenzgeld als Risikogemeinschaft: § 358ff. SGB III.[298]

Der Zeitraum von drei Monaten zählt rückwärts drei Monate vor Eröffnungs- oder Abweisungsbeschluss.[299] Sollte das Arbeitsverhältnis vorher beendet worden sein, werden die letzten drei Monate ersetzt. § 183 I SGB III beschreibt somit einen nach vorne verschobenen Anspruchszeitraum.[300]

§ 183 I SGB III nennt (nur) drei Insolvenzereignisse als anspruchsbegründend für Insolvenzgeld: Nr. 1 Eröffnung des Insolvenzverfahrens über das Vermögen des Arbeitgebers, Nr. 2 Abweisung des Insolvenzantrages mangels Masse oder ein

---

[291] Vgl. Peters – Lange (2005), I/II Rn 184
[292] Vgl. *Krodel* in: Niesel (2007), § 208, Rn 1.
[293] Vgl. *Krodel* in: Niesel (2007), § 208, Rn 2.
[294] Vgl. *Krodel* in: Niesel (2007), § 208 Rn 3; allerdings nicht unstrittig.
[295] Vgl. *Krodel* in: Niesel (2007), § 208, Rn 2.
[296] Vgl. Peters – Lange (2005), I/II Rn 176.
[297] Vgl. Angele/Karmainsky (4/2006), S. 358.
[298] Vgl. Peters – Lange (2005, I/II Rn 85.
[299] Vgl. Seefelder (2007), S. 248.
[300] Vgl. Peters – Lange (2005), II Rn 124.

Insolvenzereignis nach Nr. 3.[301] Mangels Eröffnung des Insolvenzverfahrens durch den Schuldner zum Zeitpunkt der Unternehmensbeendigung oder bei Unzulässigkeit des Insolvenzantrages, kann die zuständige Agentur für Arbeit die Voraussetzungen für ein Insolvenzereignis nach § 183 I S. 1 Nr. 3 SGB III prüfen und anwenden.[302] Ein gestellter und zulässiger Eröffnungsantrag entfaltet daher Sperrwirkung für die Anwendung des § 183 I S. 1 Nr. 3 SGB III[303].

Als Voraussetzung für die Anwendung von § 183 I Nr. 3 SGB III hierbei gilt, dass das Unternehmen auf Dauer in allen Unternehmensteilen beendet wurde.[304] Indiz ist in der Regel die Gewerbeabmeldung; sie ist jedoch nicht erforderlich.[305] Weiterhin darf eine Abweisung mangels Masse nicht greifen[306], d.h. vorhandenes Unternehmensvermögen darf nicht geringer sein als die entstehenden Verfahrenskosten.[307] Um dies zu ermitteln, hat der Arbeitgeber – ggf. auch unter Androhung von Bußgeld nach § 404 II Nr. 23 SGB III - eine Vermögensübersicht im Zeitpunkt der Betriebsbeendigung der Agentur für Arbeit vorzulegen. Wird diese nicht vorgelegt und/bzw. der Arbeitgeber ist nicht mehr greifbar, ist die Masselosigkeit nicht ohne weiteres erkennbar, da davon ausgegangen werden muss, dass sich der Unternehmer mit dem restlichen Unternehmensvermögen abgesetzt hat;[308] die Ungewissheit geht somit zu Lasten des Antragstellers.[309] Die Lösung für die Bundesagentur für Arbeit besteht in einem von der Einzugsstelle vorgelegten eidesstattlichen Versicherung oder einem Fruchtlospfändungsprotokoll. Hierbei hat die Bundesagentur von Amts wegen im Rahmen der Amtsermittlungspflichten nach § 20 SGB III tätig zu werden, ggf. unter Zuhilfenahme fachkundiger Personen (analog § 316 I SGB III)[310]; der Arbeitnehmer hat die Voraussetzungen des § 183 I Nr. 3 SGB III nicht selbst zu ermitteln.[311]

Problematisch ist der Zeitpunkt der Amtsverfügung für den Arbeitnehmer, den dieser nicht kennen kann. Somit empfiehlt es sich, den Antrag persönlich mit Datum und Unterschrift sich aushändigen zu lassen oder telefonisch mit Anschreiben anzufor-

---

[301] Siehe auch *Schmidt* in: NK – SGB III, § 183 Rn 27.
[302] Vgl. *Krodel* in: Niesel (2007), § 183, Rn 32; Vgl. Schrader/Straube (2008),XII Rn 37.
[303] Vgl. auch *Krodel* in: Niesel (2007), § 183, Rn 46.
[304] Vgl. *Krodel* in: Niesel (2007), § 183, Rn 42; Peters – Lange (2005), I/II Rn 112.
[305] Vgl. *Schmidt* in: NK – SGB III (2008), § 183 Rn 52.
[306] Vgl. auch *Krodel* in: Niesel (2007), § 183, Rn 47.
[307] Vgl. Peters – Lange (2005), I/II Rn 138, 112; *Schmidt* in: NK – SGB III, § 183 Rn 58..
[308] Vgl. *Schmidt* in: NK – SGB III (2008), § 183 Rn 59: strittig zumindest BSG SozR 3 4100 § 141b Nr. 7.
[309] Vgl. *Krodel* in: Niesel (2007), § 183, Rn 47, 49.
[310] Vgl Peters – Lange (2005), I/II Rn 113.
[311] Vgl. *Niesel* in: Niesel (2007), § 325, Rn 24.

dern,[312] denn der Antrag auf Insolvenzgeld muss innerhalb von zwei Monaten nach Beschluss auf Eröffnung oder Abweisung des Insolvenzverfahrens durch das Amtsgericht erfolgen: § 324 III S. 1 SGB III. Ggf. greift die Wiedereinsetzungs-klausel in S. 2 und S. 3, sofern der Arbeitnehmer ohne Verschulden gehindert war, die Frist einzuhalten. Analog § 183 II S. 2 SGB III verschiebt sich aber der Zeitraum für die Leistung von Insolvenzgeld bei Weiterarbeit in Unkenntnis des Insolvenzereignisses maximal um die Zeit bis zur positiven Kenntnis[313], um die weiterbeschäftigten Arbeitnehmer nicht gleichzustellen mit ausgeschiedenen Arbeitnehmern, bei denen gemäß § 324 III S. 3 SGB III die Nachfrist schon zu laufen beginnt durch fahrlässige Unkenntnis vom Insolvenzereignis.[314]

Von der Unkenntnis des Arbeitnehmers ist solange auszugehen, wie keine Anhaltspunkte vorliegen, dass der Arbeitnehmer Kenntnis von dem Beschluss hätte haben können/müssen; gemeint ist positive Kenntnis, Kennenmüssen ist nicht ausreichend.[315] Insoweit ist ein Fristversäumnis dem Arbeitnehmer nicht anzulasten[316] und ein Endzeitpunkt für die Insolvenzgeld – Gewährung nicht markiert.

Abbildung 6 zeigt die steigende Tendenz der Bezieher von Insolvenzgeld und somit die zunehmende Bedeutung der Absicherung von Arbeitnehmern im Insolvenzfall ihres Arbeitgebers. Da oftmals das Arbeitseinkommen einzige Erwerbsquelle der jeweiligen Personen ist, ist u.a. auch der psychologische Aspekt einer Lohnsicherung über drei Monate und das damit verbundene Sicherheitsbedürfnis nicht zu unterschätzen.

---

[312] Hierbei muss sich der Arbeitnehmer gemäß BSG – Rechtssprechung aller ihm zur Verfügung stehenden Sorgfalt und zumutbaren bedienen: vgl. Peters – Lange (2005), II Rn 137 und 139.
[313] Vgl. *Schmidt* in: NK – SGB III (2008), § 183 Rn 29, 68.
[314] Vgl. *Niesel* in: Niesel (2007), § 325, Rn 23; Peters – Lange (2005), II Rn 141.
[315] Vgl. *Schmidt* in: NK – SGB III (2008), § 183 Rn 67.
[316] Vgl. Peters – Lange (2005), II R 127, 128.

Abbildung 7 Bezieher von Konkursausfallgeld bzw. Insolvenzgeld

Personen in 1 000	
1975	98
1980	62
1990	63
1995	220
1996	267
1997	262
1998	251
1999	240
2000	245
2001	275
2002	301
2003	285
2004	277
2005	229

Quelle: Bundesagentur für Arbeit, Nürnberg[317]

Die Statistik lässt erkennen, dass sich Sprünge im Jahr 1990 und 2002 ergeben: 1990 nach oben und ab 2003 rückläufig nach unten. Im Jahr 1990 wurde die ostdeutsche volkswirtschaftlich orientierte Wirtschaftspolitik aufgrund der Vereinigung beider deutscher Staaten am 03.10.1990 und Einigungsvertrag beendet und die westdeutsche sozial marktwirtschaftlich orientierte Wirtschaftspolitik auf die Gebiete der ehemaligen Deutschen Demokratischen Republik übertragen. Die sozialistisch ausgerichteten Wirtschaftsstrukturen der neuen Bundesländer haben diesen Bruch nicht verkraftet. Aufgrund der Änderung der wirtschaftlichen Strukturen änderten sich infolgedessen auch die demographischen Strukturen. Abwanderung in den neuen Bundesländern und Zuwanderung in den Alten Bundesländern bedingte verschobene Arbeitskräfte- und Arbeitsplatzgleichgewichte in den Folgejahren. Viele Unternehmen reagierten nicht rechtzeitig mit Umstrukturierungen und gingen in Konkurs.

Bis 2002 hatten sich die innerdeutschen wirtschaftspolitischen Turbulenzen etwas beruhigt und die verschiedenen Märkte angeglichen. Angebots- und Nachfragemärkte sowie Arbeitsmärkte stabilisierten sich und die Wirtschaft erholte sich langsam. Die „überlebenden" Unternehmen und Neugründungen passten sich an die veränderten Markt- und Wettbewerbsbedingungen an. Aufgrund dessen ging die Zahl der Insolvenzen langsam zurück. Eine Rolle spielt hierbei auch die Einführung des Euro im Jahr 2002, die es zahlreichen Unternehmen aufgrund der Unsicherheit der

---

[317] Vgl. Angele/Karmainsky (4/2006), S. 358.

Verbraucher ermöglichte, Unternehmenssanierungen durch erhöhte Preiskalkulationen mangels Preisbindung[318] anzustoßen.[319] Anhand der Statistik wird deutlich, dass durch steigende Unternehmensinsolvenzen das Insolvenzgeld an Bedeutung gewinnen hat.[320]

Erkennbar koppeln sich somit arbeitsmarktpolitische Maßnahmen immer an wirtschaftliche Maßnahmen. Ein wirtschaftlicher Aufschwung schafft Arbeitsplätze, eine Rezession bedingt Arbeitsplatzverlust und Insolvenzen. Im Zeitalter der Globalisierung tritt die Gefahr hinzu, dass Rezessionen eines wirtschaftsstarken Landes länder- und branchenübergreifend wirken und somit einen Dominoeffekt hervorrufen.[321] Insgesamt sind die Prognosen für die deutsche Wirtschaft nicht so schlecht, aber auch Deutschland wird ohne Kurzarbeit, Entlassungen und Insolvenzen nicht auskommen.[322] Insbesondere der Zeitarbeitsbranche drohen Massenentlassungen durch betriebsbedingte Kündigungen. Entlastung könnte hierbei die Entscheidung der Bundesagentur für Arbeit bringen, auch für Zeitarbeiter Kurzarbeitergeld zu zahlen. Bisher hatte die Bundesagentur dies abgelehnt mit dem Hinweis auf das betriebliche Risiko von Zeitarbeitsunternehmen.[323] Insoweit zeigt sich einmal mehr, dass die Wirtschaft eigenen Gesetzen folgt und ein Arbeitnehmerschutz für Notfälle sinnvoll ist.[324]

5.3.5. Der Betriebsrat im Insolvenzverfahren

Im Insolvenzverfahren ist das BetrVG grundsätzlich anwendbar.[325] Als Organ behält der Betriebsrat auch im Insolvenzverfahren seine Stellung und Funktionsfähigkeit für die Wahrnehmung seiner Rechte.[326]

---

[318] Anders in Frankreich: hier waren die Unternehmen eine bestimmte Zeit gebunden, die Verkaufspreise 1:1 von Franc in Euro umzurechnen.

[319] Die in der Beurteilung der Statistik ausgewerteten Erfahrungen basieren auf eigenen Erfahrungen der Verfasserin aufgrund eigener Unternehmensgründung im Jahr 1991und Begleitung des in 1993 an den Ehemann übergebenen Unternehmens bis in die heutige Zeit.

[320] Vgl. *Braun/Wierzioch* in:Beck/Depre' (2003), § 21 Rn 6.

[321] Vgl. www.welt.de (Rezession), o.V., S. 1 Stand 21.11.2008.

[322] Vgl. www.welt.de (Rezession), o.V.., S. 4 Stand 21.11.2008.

[323] Vgl. *Hammerschmidt*, Berliner Zeitung vom 25.11.2008, S. 10.: *o.V.*, Frankfurter Allgemeine Zeitung vom 28.11.2008, Nr. 279, S. 13

[324] Betrachtet wird in dieser Arbeit Arbeitsrecht und der Arbeitnehmer. Anzumerken ist hierbei, dass die Schutzrechte des Arbeitnehmers schon immer gut ausgeprägt waren, die eines insolventen Unternehmers, insbesondere Einzelunternehmers dagegen nicht. Dies änderte sich erst mit der Fassung 2007.

[325] Vgl. Schrader/Straube (2008), III Rn 8; *Wolf* in: Braun InsO (2007), § 123 Rn 2.

[326] Vgl. BAG, Beschluss vom 14.11.1978, 6 ABR 85/75

Gemäß § 102 BetrVG ist der Betriebsrat vor jeder Kündigung anzuhören und eine ohne Anhörung ausgesprochene Kündigung ist unwirksam; insbesondere § 102 BetrVG gilt in der Insolvenz uneingeschränkt.

Insolvenz bedingt Personalabbau. Eine Betriebsänderung gemäß § 111 InsO liegt allerdings nur vor, wenn eine Vielzahl von Arbeitnehmern betroffen ist.[327] Bei Massenentlassungen ist gemäß § 17 II KSchG ist aufgrund des Mitbestimmungsrechtes der Betriebsrat schriftlich zu unterrichten.[328] Der Insolvenzverwalter hat darauf zu achten, dass er bei fehlender Stellungnahme erst zwei Wochen nach Übergabe der Unterrichtung bei der Agentur für Arbeit Anzeige erstatten und kündigen kann. Empfehlenswert ist daher eine schriftliche Unterrichtung gegen Empfangsbestätigung.[329]

Besteht eine Betriebsänderung nicht nur in Personalabbau oder findet sogar eine Betriebsstilllegung statt, kann der Betriebsrat gemäß § 112 IV BetrVG einen Sozialplan erwirken (Näheres unter 5.6.). §§ 121ff InsO setzt die Anwendbarkeit des §§ 111ff BetrVG voraus.[330] Im Einzelfall wird der Insolvenzverwalter entscheiden müssen, ob er das in § 112 II BetrVG vorgesehene Verfahren ausschöpft oder den Weg gemäß § 122 InsO wählt.[331]

5.4. Die Kündigung in der Insolvenz
5.4.1 Regelung des § 113 InsO

Wie schon ausgeführt bleiben Bestand und Inhalt des Arbeitsverhältnisses gemäß § 108 I InsO unangetastet. In der Insolvenz geht die Kündigungsbefugnis mit Eröffnung des Insolvenzverfahrens gemäß § 80 I InsO auf den Insolvenzverwalter über; er tritt wie schon ausgeführt in die Rechtstellung des Arbeitgebers ein.[332] Grundsätzlich sind somit Rechte und Pflichten des Arbeitgebers wie Arbeitsverträge, Tarifverträge und – bindungen sowie Betriebsvereinbarungen auch für den Insolvenzverwalter bindend.[333] Die Insolvenz gibt dem Insolvenzverwalter keinen Grund zur betriebsbeding-

---

[327] Vgl. Schrader/Straube (2008), III Rn 17.
[328] Gemäß § 125 II InsO ersetzt der Interessenausgleich mit Namensliste die fehlende Stellungnahme des Betriebsrates nach § 17 III S. 2 KSchG.
[329] Vgl. Schrader/Straube (2008), VI Rn 110.
[330] Vgl. Schrader/Straube (2008), III Rn 9.
[331] Vgl. Schrader/Straube (2008), III Rn 48: Die Tendenz zeigt § 122 InsO eher als Ausnahme.
[332] Vgl. *Beck* in: Braun InsO (2007), § 113 Rn 13.
[333] Vgl. *Beck* in: Braun InsO (2007), § 113 Rn 6.

ten Kündigung[334]; das KSchG gilt, soweit es Anwendung findet, auch in der Insolvenz[335]; der besondere Kündigungsschutz für Arbeitnehmer wie §§ 9 MuSchG oder § 85ff SGB IX bleibt erhalten.[336]

§ 113 I InsO sieht somit nur eine Erleichterung hinsichtlich der Kündigungsfrist vor und enthält keinen selbständigen Kündigungsgrund für die Insolvenz.[337] Will der Insolvenzverwalter ein bestehendes Arbeitsverhältnis kündigen, muss er eine begründete betriebs-, personen- oder verhaltensbedingte Kündigung gemäß § 1 II KSchG aussprechen.[338] Das Recht zur außerordentlichen Kündigung nach § 626 BGB bleibt unberührt.[339]

§ 113 I InsO sieht eine Kündigungsfrist von drei Monaten schriftlich zum Monatsende vor (§ 623 BGB), sofern außerhalb des Insolvenzverfahrens keine kürzere Frist maßgeblich ist.[340] § 113 InsO entwickelt hier Vorrang vor § 103 InsO[341] und verdrängt die tarifvertraglichen Kündigungsfristen, soweit sie drei Monate überschreiten[342]; ein Wahlrecht des Insolvenzverwalters besteht insoweit nicht.[343] Ziel hierbei ist, die Insolvenzmasse nicht mit unnötigen Masseansprüchen, zu denen Lohnzahlungen aus Arbeitsverhältnissen nicht mehr weiter zu beschäftigender Arbeitnehmer zählen, zu belasten.[344] Der Schutz übriger Massegläubiger vor einer unnötigen Masseaushöhlung rechtfertigt den Eingriff in die Tarifautonomie.[345] Gemäß § 119 InsO ist die Anwendung des § 113 InsO zwingendes Recht. Jedoch ist § 113 I InsO nicht dahin auszulegen, das der Insolvenzverwalter jedes Arbeitsverhältnis kündigen kann.[346] Insoweit trifft § 113 I InsO eine eigene Anordnung und lässt die Kündigung bei Ausschlusses des Recht zur ordentlichen Kündigung (§ 113 I S. 1 InsO) bzw. bei

---

[334] Vgl. Schrader/Straube (2008), VI Rn 2.

[335] Vgl. Schrader/Straube (2008), VI Rn 2, 11.

[336] Vgl. Foerste (2008), § 18 Rn 252; Beck in: Braun InsO (2007), § 113 Rn 26, 28; Depre'/Heck in:Beck/Depre' (2003), § 19 Rn 166ff.

[337] Vgl. Schrader/Straube (2008), VI Rn 2.

[338] Vgl. BAG, Urteil vom 16.09.1982, 2 AZR 271/80, DB 1983, 504; Depre'/Heck in:Beck/Depre' (2003), § 19 Rn 140.

[339] Vgl. Depre'/Heck in:Beck/Depre' (2003), § 19 Rn 163ff.

[340] Vgl. BAG, Urteil vom 03.12.1998, 2 AzR 425/98, NZA 1999, 425; BAG, Urteil vom 06.07.2000, 2 AzR 695/99, DB 2000, 1524; vgl. auch Schrader/Straube (2008), IV Rn 113.

[341] Vgl. BAG, Urteil vom 16.06.1999, 4 AZR 191/98, NZA 1999, 1331 (1335); Schultze/ Braun (2001), S. 30.

[342] Vgl. BAG, Urteil vom 16.06.1999, 4 AZR 191/98, NZA 1999, 1331 (1334).

[343] Vgl. Foerste (2008), § 18 Rn 251

[344] Vgl. BAG Urt. v. 16.06.1999, 4 AZR 191/98, NZA 1999, 1331 (1333); BAG Urt. v. 019.01.2000, 4 AZR 70/99, NZA 2000, 658 (660); Vgl. Beck in: Braun InsO, § 113 Rn 1.

[345] Vgl. BAG, Urt. v. 16.06.1999, 4 AZR 191/98, NZA 1999, 1331 (1334), Beck in: Braun InsO (2007), § 113 Rn 17.

[346] Vgl. BAG, Urteil vom 05.12.2002, 2 AZR 571/01, NZA 2003, 195 (197)

tarifvertraglicher Unkündbarkeit zu (§ 113 I S. 2 InsO)[347] und ermöglicht dem Insolvenzverwalter die Kündigung mit dieser Frist, wenn eine Kündigung in der Drei – Monatsfrist – sonst nicht möglich wäre.[348]

Der Ausschluss zum Recht der ordentlichen Kündigung schützt meist Arbeitnehmer mit langer Betriebszugehörigkeit. Zweck des Vorrangs von § 113 InsO ist, die Sanierungsfähigkeit des Unternehmens durch eine ausgewogene Personalstruktur zu gewährleisten, dem eine personelle Vergreisung und Überalterung widersprechen würde.[349]

Probleme können sich auch hier in Auslegungsfragen ergeben, welche Kündigungsfrist in der Insolvenz die „maßgebliche" ist, wenn innerhalb der Dreimonatsfrist des § 113 I S. 2 InsO die vertraglich vereinbarte Frist länger als die gesetzliche Frist (§ 622 II Nr. 2 BGB) ist. Grundsätzlich ist es der Privatautonomie der Parteien überlassen, eine maßgebliche Frist zu vereinbaren, solange sie nicht gegen zwingende Rechtsnormen verstoßen.[350] Gemäß § 622 V 2 BGB ist die Vereinbarung von Kündigungsfristen, die länger als die gesetzlichen sind, grundsätzlich zulässig. Hier ist dem BAG beizupflichten, wenn die Maßgeblichkeit dahin ausgelegt wird, dass innerhalb der Höchstfrist des § 113 InsO die längere vereinbarte Kündigungsfrist anzuwenden ist.[351]

Der Insolvenzverwalter hat bei den Kündigungen die Vorschriften des Kündigungsschutzgesetzes und die Mitwirkungsrechte des Betriebsrates zu beachten. Vorschriften über Massenentlassungen gelten insoweit auch für den Insolvenzverwalter[352], der die §§ 17ff KSchG[353] zu beachten hat.

5.4.2. Kündigung durch einen „starken" vorläufigen Insolvenzverwalter

Die verkürzte Kündigungsfrist des § 113 InsO gilt nicht für einen „starken" vorläufigen Insolvenzverwalter mit Verwaltungs- und Verfügungsbefugnis (§ 22 I InsO).[354]

---

[347] Vgl. BAG, Urteil vom 19.01.2000, 4 AZR 70/99, NZA 2000, 658 (660).

[348] Vgl. BAG, Urteil vom 05.12.2002, 2 AZR 571/01, NZA 2003, 195 (197)

[349] Vgl. BAG, Urteil vom 19.01.2000, 4 AZR 70/99, NZA 2000, 658 (660); *Beck* in: Braun InsO, § 113 Rn 11.

[350] Vgl. BAG, Urteil vom 03.12.1998, 2 AZR 425/98, BAGE 90, 246 (250); BAG, Urteil vom 03.12.1998, 2 AZR 425/98, NZA 1999, 425 (426).

[351] Vgl. BAG, Urteil vom 06.07.2000, 2 AZR 695/99, NZA, 23 (24); BAG, Urteil vom 03.12.1998, 2 AZR 425/98, NZA 1999, 425 (425); Wolf (2001), S. 40 .

[352] Vgl. BSG, Urteil vom 05.1.1978, 7 RAr 32/78.

[353] Konsequenz der Massenentlassungsrichtlinie 98/59/EG vom 20.07.1998, ABl. Nr. L 225 vom 12.08.1998, S. 16, deren Schwellenanforderungen geringer sind als die nationale deutsche Umsetzung.

[354] Vgl. BAG, Urteil vom 20.01.2005, 2 AZR 134/04, ZIP 2005, 1289.

Arbeitsrechtliche Sonderreglungen der InsO sind insoweit nicht anwendbar. Gegen eine Anwendung des § 113 InsO auf Kündigungen des „starken" vorläufigen Insolvenzverwalters sprechen Wortlaut und Gesetzessystematik, da der Gesetzgeber bewusst die Anwendung auf den (endgültigen) Insolvenzverwalter beschränkt hat.[355] Die Spezialregelung des § 113 S. 2 InsO ist somit nur vom Insolvenzverwalter anwendbar; der vorläufige Insolvenzverwalter kann die Regelung nicht für sich in Anspruch nehmen.[356] Die arbeitsrechtlichen Bestimmungen der InsO (§§ 113, 120 – 128) finden sich im Zweiten Teil der InsO unter der Betitelung „Eröffnung des Insolvenzverfahrens" wieder, insoweit ein Indiz dafür, dass der Gesetzgeber demgemäß die InsO erst ab Eröffnung des Verfahrens gelten lassen will und nicht schon für das vorhergehende Eröffnungsverfahren.[357] Insoweit vollzieht die InsO auch eine klar strukturierte Trennung zwischen Eröffnungsverfahren und eröffneten Insolvenzverfahren; der Gesetzgeber hat den „starken" vorläufigen Insolvenzverwalter und den endgültigen Insolvenzverwalter nicht völlig gleichgestellt.[358] Sie haben unterschiedliche Funktionen, denn in den verschiedenen Phasen des Insolvenzverfahrens werden den verschiedenen Akteuren unterschiedliche Aufgaben zugeteilt und nur für den Fall der Insolvenzeröffnung sieht der Gesetzgeber Handlungsbedarf aufgrund der Interessenkollision zwischen weiterbeschäftigten Arbeitnehmern und Verringerung der Masse zuungunsten der Insolvenzgläubiger.[359]

Ein weiteres Kriterium ist der in § 22 I S. 2 Nr. 2 InsO verankerte Sanierungsgedanke, aufgrund dessen ein Bedürfnis zur vorzeitigen Beendigung von Arbeitsverhältnissen nicht (immer) gegeben ist, da der vorläufige Insolvenzverwalter das Unternehmen zunächst fortführen soll. Die Erleichterung des § 113ff InsO dienen jedoch vor allem der Einstellung des Unternehmens.[360]

Soweit ein „starker" vorläufiger Insolvenzverwalter zum endgültigen Insolvenzverwalter bestellt wird, bleibt ihm das Recht der Nachkündigung im eröffneten Verfahren vorbehalten.[361]

---

[355] Vgl. BAG, Urteil vom 20.01.2005, 2 AZR 134/04, ZIP 2005, 1289 (1290) – Ausführungen des LAG Hamburg vom 16.10.2003, 8 Sa 63/03; *Beck* in: Braun InsO, § 113 Rn 46.
[356] Vgl. BAG, Urteil vom 20.01.2005, 2 AZR 134/04, ZIP 2005, 1289 (1290).
[357] Vgl. in Analogie BAG, Urteil vom 20.01.2005, 2 AZR 134/04, ZIP 2005, 1289 (1291).
[358] Vgl. BAG, Urteil vom 20.01.2005, 2 AZR 134/04, ZIP 2005, 1289 (1292).
[359] Vgl. BAG, Urteil vom 20.01.2005, 2 AZR 134/04, ZIP 2005, 1289 (1292).
[360] Vgl. BAG, Urteil vom 20.01.2005, 2 AZR 134/04, ZIP 2005, 1289 (1293).
[361] Vgl. BAG, Urteil vom 22.05.2003, 2 AZR 255/02; DZWIR, Bd. 13, Heft 11, S. 465; NZA 2003, 1086.

5.4.3. Anwendbarkeit allgemeiner kündigungsschutzrechtlicher Regelungen

Die Beendigung eines Arbeitsverhältnisses in der Insolvenz setzt die allgemeinen kündigungsschutzrechtlichen Regelungen nicht außer Kraft.[362] So ist gemäß § 623 BGB das Schriftformerfordernis zu beachten[363], die Beteiligungsrechte des Betriebsrates und der Kündigungsschutz besonders geschützter Personengruppen[364] sind zu wahren; vor allem aber greift das Kündigungsschutzrecht nach § 1 KSchG, soweit gemäß § 23 I S. 3 KSchG die gesetzlichen Voraussetzungen zur Anwendung gegeben sind.

5.4.4. Das Kündigungsschutzgesetz in der Insolvenz
5.4.4.1 Betriebliche Erfordernisse

In der Regel wird der Insolvenzverwalter betriebsbedingt kündigen.[365] Wie bei der betriebsbedingten Kündigung außerhalb eines Insolvenzverfahrens[366] trifft den Insolvenzverwalter die abgestufte Darlegungs- und Beweislast dahingehend, dringend betriebliche Erfordernisse in Form außer- oder innerbetrieblicher Ursachen darzulegen und zu beweisen.[367] Die Ursachen hierfür können vielfältig sein (siehe Punkt 3.4.2.1). In der Regel scheitern Kündigungen von Insolvenzverwaltern daran, dass die arbeitsrechtlichen Voraussetzungen nicht eingehalten werden.[368]

Dringende betriebliche Erfordernisse sind u.a. dann gegeben, wenn die Durchführung oder eingeleitete Durchführung einer Unternehmerentscheidung einer Beschäftigungsmöglichkeit auf Dauer die Grundlage entzieht.[369] Die Umsetzung dieser Maßnahme muss nachvollziehbar aufgezeigt werden können, in der Regel ist ein nachvollziehbares Konzept sowie die eingeleiteten technischen und organisatorischen Maßnahmen vorzustellen.[370] Der Vortrag des Insolvenzverwalters in der Rechtsstel-

---

[362] Vgl. Schrader/Straube (2008), VI Rn 2.
[363] Vgl. *Depre'/Heck* in:Beck/Depre' (2003), § 19 Rn 108; beachte weiterhin: Wichtig ist bei einer Kündigung durch Mitarbeiter des Insolvenzverwalters als Bevollmächtigte die Vollmachtgebung gemäß § 174 BGB.
[364] Z.B. Mutterschutz § 9 MutterschutzG, Elternzeit § 18 BErzGG, Ausbildungsverhältnis § 15 I BBiG, Schutz schwerbehinderter Arbeitnehmer § 85 SGB IX.
[365] Vgl. *Depre'/Heck* in:Beck/Depre' (2003), § 19 Rn 141.
[366] Vgl. Biebl (2004), Rn 133.
[367] Vgl. BAG vom 17.06.1999, 2 AZR 141/99, ZIP 1999, 1721 (1724).
[368] Vgl. Schrader/Straube (2008), VI Rn 6.
[369] Vgl. *Depre'/Heck* in:Beck/Depre' (2003), § 19 Rn 141.
[370] Vgl. BAG vom 17.06.1999, 2 AZR 141/99, ZIP 1999, 1721 (1723).

lung des Arbeitgebers muss deutlich erkennen lassen, ob durch eine bestimmte innerbetriebliche Maßnahme oder einen außerbetrieblichen Anlass die Beschäftigungsmöglichkeit des betreffenden Arbeitnehmers auf Dauer entfällt.[371]

5.4.4.2. Sozialauswahl

§ 1 III KSchG führt aus, dass eine Kündigung trotz vorhandener betrieblicher Erfordernisse sozial ungerechtfertigt ist, wenn die Gewichtung der Sozialdaten nicht ausreichend berücksichtigt worden ist.[372] § 1 III KSchG bevorzugt hierzu vier Grundkriterien: die Dauer der Betriebszugehörigkeit, das Lebensalter, die Unterhaltspflichten und eine eventuelle Schwerbehinderung. Die Sozialauswahl gestaltet sich dann ordnungsgemäß, wenn der Insolvenzverwalter die Wertungskriterien des Gesetzes ausreichend berücksichtigt hat; somit stellt die Formulierung in § 1 III S. 1 KSchG klar, dass der Insolvenzverwalter in Rechtsstellung als Arbeitgeber einen Bewertungsspielraum hat. Berechtigte betriebliche Interessen können die Sozialauswahl überlagern (§ 1 III S. 2 KSchG); dies greift insbesondere dann, wenn bestimmte Arbeitnehmer aufgrund ihrer Fähigkeiten und Fertigkeiten und einer daraus resultierenden notwendigen Weiterbeschäftigung nicht in die soziale Auswahl fallen[373] oder einer Überalterung des Unternehmens durch Sicherung einer ausgewogenen Personalstruktur entgegengewirkt werden muss.[374]

5.5. Betriebsübergang
5.5.1. Europarecht

Die Betriebsübergangsrichtlinie 2001/23/EG vom 12.02.2001[375] soll die Arbeitnehmeransprüche bei Unternehmensübergängen auf andere Inhaber wahren. Art. 3 bestimmt, dass die Arbeitsverhältnisse auf den neuen Inhaber übergehen, der auch bestehende Tarifverträge und sonstige Kollektivvereinbarungen beachten muss. Art. 4 führt aus, dass das Arbeitsverhältnis nicht allein wegen des Betriebsübergangs

[371] Vgl. BAG vom 17.06.1999, 2 AZR 141/99, ZIP 1999, 1721 (1724).
[372] Vgl. *Depre'/Heck* in:Beck/Depre' (2003), § 19 Rn 153.
[373] Vgl. *Depre/Heck'* in:Beck/Depre' (2003), § 19 Rn 153.
[374] Vgl. BAG, Beschluss vom 20.04.2005, 2 AZR 201/04, DB, 2005, 1691; BAG, Urteil vom 22.09. 2005, 2 AZR 208/05, DB 2006, 1118.
[375] Vgl. ABl. Nr. L 82 vom 22.03.2001, S. 16.

gekündigt werden darf.[376] Gemäß Art. 5 I gelten die Schutzvorschriften der Richtlinie nicht im Insolvenzverfahren; allerdings ist die Anwendung der deutschen Umsetzung im Insolvenzverfahren zulässig.[377]

Deutschland hat die Richtlinie durch Anpassung des § 613a BGB umgesetzt, wobei die Originalfassung des § 613a BGB schon mit Wirkung zum 19.01.1972 eingeführt worden ist.[378] Umstritten war und ist nach wie vor die Abgrenzung von der bloßen Funktionsnachfolge, die nicht von der Richtlinie erfasst sein soll, um die Wettbewerbsflexibilität zu wahren.[379] Nicht vorgesehen in der Richtlinie war das bereits in der Originalfassung des § 613a BGB entwickelte Widerspruchsrechts der Arbeitnehmer gegen den automatischen Übergang der Arbeitsverhältnisse, dessen Kodifizierung in § 613a V und VI BGB zum 01.04.2002[380] erfolgte. Insoweit entwickelte deutsches Recht einen höheren Schutzumfang als gefordert. Bei einer Richtlinienumsetzung darf das allgemeine Mindestschutzniveau in den Mitgliedstaaten nicht gemindert werden; sollte ein Mitgliedstaat ein höheres Verbraucherschutzniveau gewährleisten, sei es ihm gestattet, dieses einzuführen und/oder beizubehalten.[381]

5.5.2. Umsetzung in deutsches Recht

Ausgangspunkt und zentrale Regelung für den Betriebsübergang ist § 613a I S. 1 BGB. Gemäß § 613 a I S. 1 BGB erfolgt ein Übergang des Arbeitsverhältnisses, dessen Kündigung gemäß § 613a IV S. 1 BGB wegen Betriebsübergang unwirksam ist; nach S. 2 bleibt das Kündigungsrecht wegen anderer (berechtigter) Gründe unberührt. Normzweck ist die Sicherung des Fortbestandes der Arbeitsverhältnisse aufgrund des Inhaberwechsels.[382]

§ 613a BGB ist zwingendes Recht[383], gilt aber in der Insolvenz nicht uneingeschränkt.[384] Ein Umgehen der Rechtsfolgen durch Vereinbarungen ist nicht möglich; die Rechtsfolgen bei Vorliegen der Voraussetzungen des § 613a BGB können somit

---

[376] Siehe auch *Zobel* in:Beck/Depre´ (2003), § 20 Rn 291, 294.
[377] Vgl. *Zobel* in: Beck/Depre´ (2003), § 20 Rn 292.
[378] BGBl. I 1972, S. 13.
[379] Vgl. EUGH, Urt v 20.11.2003, C-340/01 Abler, ZIP 2003, 2, NZA 2006, 723.
[380] Durch Art. 4 G v. 23.03.2002 (BGBl I 1163; siehe auch *Weidenkaff* in: Palandt (2006), § 613a Rn 1.
[381] Vgl. Mohrhammer (2006), S. 110.
[382] Vgl. *Zobel* in:Beck/Depre´ (2003), § 20 Rn 290.
[383] Vgl. *Weidenkaff* in: Palandt (2006), § 613a Rn 3.
[384] Vgl. Schrader/Straube (2008), VIII Rn 3;

nicht vermieden werden.[385] Diese Folgen finden Anwendung auf alle Arbeitsverhältnisse; unerheblich davon, ob der Arbeitnehmer auch tatsächlich Arbeit leistet oder
freigestellt ist (z.B. Mutterschutz oder Elternzeit).[386]

Voraussetzung für einen Betriebsübergang ist, dass das Unternehmen oder Unterneh-
mensteile als wirtschaftliche Einheit unter Wahrung der Identität erhalten bleiben.[387]
Hierzu ist eine Gesamtwürdigung bestimmter Einzelkriterien vorzunehmen. Bloße
Funktionsnachfolge bei (nur) Tätigkeitsübernahme schließt einen Betriebsübergang
aus. Das BAG hat nach der EUGH – Entscheidung „Güney – Görres"[388] die Abgrenzung neu spezifiziert. Nunmehr ist eine eigenwirtschaftliche Nutzung von Betriebs-
mitteln kein entscheidendes Kriterium mehr für den Ausschluss eines Betriebsüberganges.[389] Wesentliche Änderungen in Konzept, Organisation und Struktur können
der geforderten Identitätswahrung entgegenstehen.[390] Ein Betriebsübergang setzt
weiterhin voraus, dass ein Erwerber aufgrund eines Rechtsgeschäftes den Betrieb in
eigenem Namen tatsächlich weiter fortführt.[391] Es muss ein Wechsel in der Person des
Inhabers eintreten.[392]

Die arbeitsrechtlichen Folgen treten nur bei einem rechtsgeschäftlichen Betriebsübergang ein[393]; zum Schutz der Arbeitnehmer[394] erfolgt eine weite Auslegung des
Merkmals „durch Rechtsgeschäft".[395] Entscheidend ist, dass der Erwerber mit Willen
des Veräußerers die tatsächliche Nutzungs- und Verfügungsgewalt über die wesentlichen Betriebsmittel des Unternehmens tatsächlich übernimmt. Der bisherige Arbeitgeber verliert alle Rechte aus dem Arbeitsverhältnis.[396]

Gemäß § 613a V BGB sind die betroffenen Arbeitnehmer vor dem Betriebsübergang
durch den Veräußerer und/oder den Erwerber in Textform zu unterrichten über
wesentliche Inhalt des Übergangs wie (geplanter) Zeitpunkt, Grund, rechtliche,

---

[385] Vgl. BAG, Urteil vom 28.04.1987, 3 AZR 75/86, NZA 1988, 198 (199); *Weidenkaff* in: Palandt (2006), § 613a Rn 3.
[386] Vgl.*Weidenkaff* in: Palandt (2006), § 613a Rn 5.
[387] Vgl. *Krodel* in: Niesel (2007), § 183 Rn 31; *Wolf* in: Braun InsO, § 128 Rn 3; auch *Weidenkaff* in: Palandt (2006), § 613a Rn 11..
[388] Vgl. EUGH, Urteil vom 15.12.2005, Rs C -232/04, ZIP 2005, 2079.
[389] Vgl. BAG, Urteil vom 02.03.2006, 8 AZR 147/05, DB 2006, 1907, NZA 2006, 1105; BAG Urteil vom 13.06.2006, 8 AZR 271/05, NZA 2006, 1101.
[390] Vgl. BAG, Urteil vom 04.05.2006, 8 AZR 299/05, NZA, 1096; BAG, Urteil vom 19.02.2006, 8 AZR 211/05, NZA 2006, 592.
[391] Vgl. BAG, Urteil vom 06.11.1985, 10 Rar 3/84, NZA 1986, 303 (304).
[392] Vgl. Vgl. Schrader/Straube (2008), VIII Rn 11;*Weidenkaff* in: Palandt (2006), § 613a Rn 11.
[393] Vgl. *Weidenkaff* in: Palandt (2006), § 613a Rn 14.
[394] Zweck des § 613a BGB: Schutz des Arbeitnehmers bei Betriebsübergang. Vgl. *Weidenkaff* in: Palandt (2006), § 613a Rn 2.
[395] Vgl. BAG, Urteil vom 06.04.2006, 8 AZR 222/04, NZA 2006, 723.
[396] Vgl. *Weidenkaff* in: Palandt (2006), § 613a Rn 24.

wirtschaftliche und soziale Folgen und hinsichtlich der Arbeitnehmer in Aussicht genommene Maßnahmen. Gemäß § 613a BGB kommt es zu einem vollständigen Austausch der Vertragsparteien auf der Arbeitgeberseite.[397] Der Erwerber tritt in sämtliche Haupt- und Nebenpflichten[398] des bisher beim Veräußerer bestehenden Arbeitsverhältnisses ein. Hierbei stellt das BAG strenge Anforderungen an den Übergang des Arbeitsverhältnisses.[399]

Diese Pflicht erlischt auch nicht nach Betriebsübergang. Betroffene Arbeitnehmer haben die Möglichkeit innerhalb eines Monats schriftlich zu widersprechen: § 613a VI BGB. Die Rechtsfolge bedingt, dass das Arbeitsverhältnis mit dem Veräußerer weiter fortbesteht, der jedoch in der Regel bei Gesamtbetriebsübergang betriebsbedingt kündigen wird.[400] Ohne Widerspruch geht das Arbeitsverhältnis auf den Erwerber über mit allen Rechten und Pflichten. Erfolgt die Unterrichtung fehlerhaft, beginnt die Widerspruchsfrist nicht zu laufen.[401] Dies hat zur Folge, dass der Arbeitnehmer bis zur Grenze der Verwirkung dem Übergang des Arbeitsverhältnisses widersprechen kann und damit oft weit zeitlich nach Betriebsübergang wieder an den Veräußerer „übergeht".[402]

Der Insolvenzverwalter (dagegen) führt den Betrieb kraft Gesetz weiter (§§ 80, 148, 159 InsO); infolgedessen liegt in der Eröffnung des Insolvenzverfahrens und des Übergangs des Verwaltungs- und Verfügungsbefugnis auf den Insolvenzverfahrens kein Betriebsübergang i.S.d. § 613a BGB vor.[403]

§ 125 InsO sieht durch Modifikation des § 1 KSchG eine weitere Kündigungserleichterung vor. Ein zwischen Betriebsrat und Insolvenzverwalter geschlossener Interessenausgleich, der die nach den Voraussetzungen des §§ 111ff BetrVG[404] zu entlassenden Arbeitnehmer namentlich bezeichnet, begründet nach § 125 InsO die widerlegbare Vermutung, dass die Kündigungen durch dringende betriebliche Erfordernisse bedingt sind.[405] Erforderlich ist hierbei die eindeutige namentliche Nennung des betroffenen Arbeitnehmers, die Angabe der Kündigungsart und der

---

[397] Vgl. *Weidenkaff* in: Palandt (2006), § 613a Rn 24.
[398] Lohnzahlungsanspruch, Lohnersatzleistungen, Gratifikationen, Urlaubsansprüche, Versorgungsanwartschaften, aber auch wirksam gewordenen betriebliche Übungen, auch wenn der Erwerber diese nicht kannte.
[399] Vgl. BAG, Urteil vom 24.08.2006, 8 AZR 556/05, NZA 2007, 1320.
[400] Vgl. *Weidenkaff* in: Palandt (2006), § 613a Rn 25, 37.
[401] Vgl. *Weidenkaff* in: Palandt (2006), § 613a Rn 47.
[402] Vgl. BAG, Urteil vom 13.07.2006, 8 ASZR 303/05 und 8 AZR 305/05, NZA 2006, 1273.
[403] Vgl. *Weidenkaff* in: Palandt (2006), § 613a Rn 8.
[404] Betrifft geplante Betriebsänderungen, die aber nicht durchgeführt werden müssen.
[405] Vgl. *Wolf* in: Braun InsO (2007), § 125 Rn 9, 10.

Kriterien nach § 125 I S. 1 Nr. 1 und InsO sowie die Erwägungen zur Sozialauswahl. Nach § 128 I S. 1 InsO gelten die §§ 125 – 127 InsO auch dann, wenn die Kündigung erst nach Betriebsveräußerung ausgesprochen wird. Bei einem Betriebsübergang erstrecken sich somit die Vermutung des § 125 InsO und die Bindung des Beschlussverfahrens nach § 127 InsO auch darauf, dass die Kündigung der Arbeitsverhältnisses nicht wegen des Betriebsübergangserfolgte und somit nach § 613a IV BGB unzulässig wären.[406] Der Insolvenzverwalter auch hat die Möglichkeit, die Kündigung vor der Betriebsveräußerung zu erklären und ihre Wirksamkeit im Interessenausgleich oder Beschlussverfahrens feststellen zu lassen.

5.5.3. Haftungsbeschränkung in der Insolvenz

Mit Betriebsübergang tritt der Erwerber gemäß § 613a I S. 1 BGB in alle Rechten und Pflichte der im Zeitpunkt des Übergangs bestehenden Arbeitsverhältnisse ein[407]; somit geht das Arbeitsverhältnis als Ganzes über.[408] Laut BAG – Rechtsprechung ergibt sich bei Betriebsübergang in der Insolvenz eine Ausnahme in der Haftungsbeschränkung, wonach der Betriebserwerber nach § 613a BGB nicht haftet für Ansprüche, die vor Eröffnung des Verfahrens entstanden sind. Voraussetzung hierfür ist, dass der Betriebsübergang nach Verfahrenseröffnung erfolgte.[409] Insoweit würde eine unangemessene Bevorzugung der übernommenen Arbeitnehmer durch einen neuen Haftungsschuldner erfolgen; diesen Vorteil würden die Gläubiger finanzieren, da der Erwerber im Hinblick auf die übernommene Haftung den Kaufpreis zu Lasten der Masse mindern würde.[410] Vorrang haben somit insolvenzrechtliche Verteilungsgrundsätze.[411] Die insolvenzrechtliche Beschränkung ergreift Insolvenzforderungen nach § 38 InsO, nicht Masseforderungen nach § 55 InsO, insofern die den Ansprüchen zugrunde liegende Arbeitsleistung erbracht worden ist.[412].

Weiterhin hat der Erwerber Besonderheiten zu beachten, bspw. dass er – nicht der Veräußerer – insoweit für Urlaub, den ein Arbeitnehmer vor dem Betriebsübergang

---

[406] Vgl. *Wolf* in: Braun InsO (2007), § 125 Rn 15.
[407] Vgl. Schrader/Straube (2008), VIII Rn 19.
[408] Vgl. Schrader/Straube (2008), VIII Rn 19; Seefelder (2007), S. 211.
[409] Vgl. BAG, Urteil vom 20.06.2002, 8 AzR 459/01, NZA 2003, 318, ZIP 2003, 222; Seefelder (2007), S. 275.
[410] Vgl. Schrader/Straube (2008), VIII Rn 25.
[411] Vgl. Seefelder (2007), S. 275.
[412] Vgl. Schrader/Straube (2008), VIII Rn 26.

noch nicht genommen hat, haftet.[413] Das BAG begründet dies damit, dass Urlaubsansprüche keinem bestimmten Zeitraum zugeordnet werden können, da sie nicht von
einen Arbeitsleistung zu bestimmten Tagen im Kalenderjahr abhängig sind.[414]
Hinsichtlich von Insolvenzsicherung von Altersteilzeitguthaben hält das BAG unter
Berücksichtigung der Richtlinie 2001/23/EG an seiner Rechtssprechung fest,
wonach die Haftung des Insolvenzverwalters und der Erwerbers nur für Ansprüche
nach Insolvenzeröffnung greift; insoweit entstehen werthaltige Masseforderungen.
Die bis zur Eröffnung begründeten Ansprüche sind als (wertlose) Insolvenzforderungen einzustufen.[415]

5.5.3. Veräußererkündigung aufgrund Erwerberkonzept

Oft wird in der Phase vor dem Betriebsübergang ein unternehmerisches Konzept
seitens des Erwerbers entwickelt, das sich nicht mit den tatsächlichen Unterneh-
mensmodalitäten deckt und dessen Umsetzung somit Arbeitsplätze entfallen werden
(betriebsbedingte Kündigung).[416] Mangels Betriebsübergang und eigener Arbeitge-
bereigenschaft kann der Erwerber selbst nicht kündigen. Die Lösung sieht das BAG in
einer Veräußererkündigung auf Erwerberkonzept.[417] Die Zulassung einer solchen
Kündigung in der Insolvenz verletzt nicht den Schutzgedanken des § 613 IV BGB,
denn diese Regelung bezweckt nicht die Verlängerung eines Arbeitsverhältnisses bei
Wegfall der Beschäftigungsmöglichkeit – unabhängig davon, ob der Veräußerer das
Konzept ebenfalls umsetzen kann (selbsttragend) oder nicht (vorgezogen).[418] Voraussetzungen für die Anwendbarkeit ist ein verbindliches Konzept oder ein Sanierungs-
plan des Erwerbers mit greifbaren Durchführungsformen zum Erwerberkonzept und
des Betriebsüberganges und die damit sicherer Prognose, dass der Beschäftigungs-
platz zum Ablauf der Kündigungsfrist entfällt.[419]

---

[413] Vgl. Vgl. Schrader/Straube (2008), VIII Rn 35;Seefelder (2007), S. 275.
[414] Vgl. Schrader/Straube (2008), VIII Rn 35.
[415] Vgl. BAG, Urt. v. 30.10.2008, 8 AZR 54/07 unter www.hensche.de, Newsletter Arbeitsrecht
       12.12.2008, S. 14 (16).
[416] Vgl. Schrader/Straube (2008), VI Rn 60.
[417] Vgl. BAG, Urteil vom 20.03.2003, 8 AZR 97/02, DB 2003, 1906, ZIP 2003, 1671.
[418] Vgl. BAG, Urteil vom 20.03.2003, 8 AZR 97/02, DB 2003, 1906 (1910).
[419] Vgl. BAG, Urteil vom 20.03.2003, 8 AZR 97/02, DB 2003, 1906 (1910).

Die Unsicherheit besteht in dem weit auszulegenden Grundgedanken des Erwerber-konzeptes, dessen Verbindlichkeit nicht definiert wird, demgegenüber auch weit reichende Gestaltungsspielräume für übertragene Sanierungen offen lässt.

5.6 Betriebsstilllegung

Ein Betriebsübergang ist nur dann möglich, wenn das Unternehmen nicht vorher stillgelegt worden ist.[420] Die Unterscheidung, ob ein Betrieb stillgelegt wurde oder nur eine Betriebsunterbrechung vorliegt, beinhaltet große praktische Schwierigkeiten. Das BSG versteht unter Stilllegung die Auflösung der zwischen Arbeitgeber und Arbeitnehmer vereinbarten Produktionsgemeinschaft.[421] Für die begründete Annahme der Betriebsstilllegung muss der Stilllegungswille greifbare Formen haben, zum Beispiel durch sichtbare vollständige, auf Dauer angelegte Betriebseinstellung. Verhandlungen mit Dritten stehen diesem Willen regelmäßig entgegen.[422] Eine Gewerbeabmeldung ist nicht ausreichend genug. Die Stilllegung muss für eine unbestimmte, nicht unerhebliche Zeitspanne erfolgen, weil anderenfalls nur eine unerhebliche Betriebsunterbrechung angenommen werden kann.[423] Eine Frist diesbe-züglich gibt es nicht; glaubhaft wird eine nicht unerhebliche Unterbrechung ange-nommen, wenn diese länger als die längste gesetzliche Kündigungsfrist (§ 622 II BGB) dauert, die der Veräußerer für konkrete Arbeitsverhältnisse einzuhalten hat. Bei Wiederaufnahme der Tätigkeit zeitlich nach kurzer Stilllegung ist gemäß BAG eine Vermutungswirkung gegen eine ernsthafte Stilllegungsabsicht gegeben.[424] Hierzu hat das BAG verschiedene Einzelfälle entschieden: 9 Monate Unterbrechung sprechen für einen Stilllegungswillen, zwei Monate dagegen nicht.[425]

Betriebsstilllegung und Betriebsfortführung schließen sich somit einander aus, denn ein stillgelegter, nicht mehr funktionierender Betrieb kann nicht übergehen.[426] Weiterhin bedingen sie unterschiedliche Schutzregelungen zugunsten der Arbeitneh-mer. Die Stilllegung hat zur Folge, dass gemäß § 111ff BetrVG ein Sozialplan

---

[420] Vgl. *Weidenkaff* in: Palandt (2006), § 613a Rn 13.
[421] Vgl. BSG, Urteil vom 06.11.1985, 10 Rar 3/84, NZA 1986, 303 (304).
[422] Vgl. BSG, Urteil vom 06.11.1985, 10 Rar 3/84, NZA 1986, 303 (304).
[423] Vgl. BSG, Urteil vom 06.11.1985, 10 Rar 3/84, NZA 1986, 303.
[424] Vgl. BAG, Urt v 27.11.2002, 2 AzR 48/03, NZA 2004, 477.
[425] Vgl. *Weidenkaff* in: Palandt (2006), § 613a Rn 13.
[426] Vgl. BAG, Urt v 06.11.1985, 10 Rar 3/84, NZA 1986, 303; BAGE 33,94, 101.

aufgestellt werden muss (§ 112 I S. 1 BetrVG)[427], mit dem Ziel, die den betroffenen Arbeitnehmer aufgrund der Betriebsänderung entstehenden wirtschaftlichen Nachteile abzuschwächen oder auszugleichen.[428] Von großer Bedeutung für den Insolvenzverwalter ist, in diesen Fällen ordnungsgemäß einen Interessenausgleich zu versuchen, um Nachteilsausgleichsansprüche von Arbeitnehmern zu vermeiden.[429] Dieser Interessenausgleich kann sich u.U. erheblich auf die individuelle Rechtsposition des einzelnen Arbeitnehmers in einem nachfolgenden Kündigungsschutzverfahren auswirken und die Einordnung eines eventuellen Nachteilsausgleichsanspruches als einfache Insolvenzforderung, Neu- oder Altmasseverbindlichkeit.[430] Umso bedeutsamer sollten die Bestrebungen des Insolvenzverwalters im Hinblick auf haftungsrechtliche Aspekte sein, den Versuch ordnungsgemäß durchzuführen.

5.7. Transfergesellschaften
5.7.1. Zweck und Vorteile

Manchmal ist es sowohl für den Insolvenzverwalter als auch für den Arbeitnehmer vorteilhaft, Transfergesellschaften zwischen zu schalten.[431] Das Ziel einer solchen Transfergesellschaft besteht darin, Einheiten in eigenständiger Rechtsträgerschaft (oft in Form einer GmbH), in denen Transferkurzarbeit nach § 216b SGB III durchgeführt wird, betriebsorganisatorisch zu organisieren.[432] Transferkurzarbeit ist nicht darauf ausgerichtet, Arbeitslosigkeit zu verhindern oder bestehende Arbeitsverhältnisse zu stabilisieren.[433] Ungeachtet dessen verlangt § 216b I Nr. 1 SGB III einen dauerhaften unvermeidbaren Arbeitsausfall, wobei „dauerhaft" in § 216b II SGB III legaldefiniert ist: der Gesetzgeber geht davon aus, dass der Arbeitsplatz in Zukunft wegfällt und Transferkurzarbeitergeld schon geleistet werden kann bei geringeren Arbeitsausfall mit Entgeltausfall.[434] Somit sollen Massenentlassungen vermieden, Vermittlungsaus-

---

[427] Der Sozialplan gilt nach h.M. als Betriebsvereinbarung: siehe. *Zobel* in:Beck/Depre´ (2003), § 20 Rn 214..

[428] Vgl. *Zobel´* in:Beck/Depre´ (2003), § 20 Rn 215.

[429] Vgl. Schrader/Schaube (2008), III Rn 3.

[430] Vgl. Schrader/Schaube (2008), III Rn 3, 74ff.

[431] Vgl. *Zobel* in:Beck/Depre´ (2003), § 20 Rn 345: unbestritten wechselseitige Interessen.

[432] Vgl. Drittes Gesetz für moderne Dienstleistungen am Arbeitsmarkt: sog. Hartz III – Reformgesetz vom 23.12.2003, BGBl. I S. 2428; vgl. auch *Zobel* in: Beck/Depre´ (2003), § 20 Rn 357.

[433] Vgl. Peters – Lange (2005), I Rn 23.

[434] Vgl. Peters – Lange (2005), I Rn 37.

sichten der beteiligten Arbeitnehmer verbessert und ein sozialverträglicher Personalabbau ermöglicht werden.[435]

Voraussetzung ist lediglich eine Betriebsänderung i.S.d. § 111 BetrVG (Legaldefinition) als Ursache für den dauerhaften Wegfall.[436] Vermeidbarkeit und Länge des Arbeitsausfalls definiert das Gesetz nicht näher. In den Raum gestellt wird für das Kriterium der Vermeidbarkeit die Regelvermutung: lediglich bei offensichtlichen Umständen soll die Vermeidbarkeit angenommen werden wie zeitlich befristete einmalige Objekte.[437] Für die Arbeitnehmer besteht jedoch kein Zwang zum Wechseln in die neu gegründete Transfergesellschaft, sondern eher ein Anreiz; umso wichtiger ist, die Betroffenen über Zweck, Inhalt und Rechtsfolgen vollständig aufzuklären.

Vorteile für den Insolvenzverwalter würden sich bei einem Wechsel von Arbeitnehmern in der Entlastung der Masse durch deren kurzfristiges Ausscheiden und im Hinblick auf die Vermeidung rechtlicher Risiken in Bezug auf Kündigungsschutzprozesse und die Vermeidung der arbeitsrechtlichen Problematiken von § 613a BGB ergeben, wobei er hier auch in Bezug auf Kurzarbeitergeld geschickt taktieren kann. Die im Fall von Kurzarbeit vom Arbeitgeber (hier dem Insolvenzverwalter) zu zahlenden Remanenzkosten[438], die zu Lasten der Masse gemäß § 55 InsO zu zahlen wären, entfallen. Das gleiche gilt für bei Beendigung von Arbeitsverhältnissen der Masse ersparte Sozialversicherungskosten.[439] Der Insolvenzverwalter gewinnt Zeit für Übernahmeverhandlungen und hat ggf. die Chance, dem Erwerber eine Wunschmannschaft zu präsentieren.[440] Im Gegenzug erhält der Arbeitnehmer die Chance auf einen Arbeitsplatz beim Investor, vermeidet eine kurzfristig eintretende Arbeitslosigkeit bei betriebsbedingten oder Änderungskündigungen und verlängert u.U. seine Anspruchsdauer auf Bezug von Arbeitslosengeld.[441] Verpflichtend gestaltet sich gemäß § 216 VI SGB III die Unterbreitung von Fortbildungs- und Qualifizierungsangeboten des Arbeitgebers in der Transfergesellschaft. Die Zahlung von Transferkurz-

---

[435] Vgl. Peters – Lange (2005), I Rn 24, 31.
[436] Gemäß § 216b I S. 3 SGB III muss das betroffene Unternehmen die vorgeschriebene Größenordnung nicht aufweisen (hier: 20 Arbeitnehmer). Die Anwendbarkeit des BetrVG ist nicht relevant.
[437] Vgl. BT – Drs. 15/1515, S. 92 zu Abs. 2 http://dip21.bundestag.de/dip21/btd/15/015/1501515.pdf Stand 07.01.2009
[438] Arbeitgeber- und Arbeitnehmeranteil zur Kranken-, Pflege- und Rentenversicherung auf Grundlage von 80 % des Bruttolohnes sowie Urlaubsansprüche und Lohnfortzahlung
[439] Vgl. Peters- Lange (2005), I Rn 78
[440] Vgl. *Beck* in: Braun InsO, § 113 Rn 14.
[441] Vgl. Peters – Lange (2005), Rn 24, 29.

arbeitergeld wird unterbrochen für die Dauer der Teilnahme an einer Maßnahme nach § 216a SGB III.

5.7.2. Rechtliche Aspekte

Da das Transferkurzarbeitergeld der Vermeidung von Entlassungen dient, dürfen die Arbeitnehmer noch nicht von Entlassungen betroffen sein.[442] Unschädlich ist jedoch das Ausscheiden aus dem bisherigen Unternehmen und Neuabschluss eines Arbeitsvertrages in der Transfergesellschaft.[443]

Abbildung 8 verdeutlicht, wenn sich ein derartiger einvernehmlicher Wechsel gestaltet.[444] Vereinbart wird ein Aufhebungsvertrag zwischen Insolvenzverwalter und Arbeitnehmer vereinbart[445], der gemäß § 623 BGB der Schriftform bedarf. Zeitgleich wird ein befristeter Arbeitsvertrag mit der Transfergesellschaft geschlossen[446], der eine maximale Laufzeit von 12 Monaten hat, da gemäß § 216b VIII und X SGB III Transferkurzarbeitergeld maximal 12 Monate lang bezogen werden kann. Dieser neue Arbeitsvertrag bedarf gemäß § 14 II Teilzeit- und BefristungsG der Schriftform; ggf. sind im Einzelfall Erfordernisse des AÜG zu berücksichtigen.

Dieser dreiseitige Vertrag[447] hat Interessenausgleich und Sozialplan nach §§ 111, 112, 112a BetrVG und die Erfordernisse des § 17 KSchG zu Massenentlassungsanzeigen (bei bloßem Personalabbau) streng zu beachten. Bei Abschluss eines Wechsels in die Transfergesellschaft gilt: § 613a BGB ist nicht anzuwenden[448] und es darf kein zeitgleicher Abschluss bzw. eine verbindliche Zusage eines neues Arbeitsverhältnisses mit dem neuen Betriebsinhaber erfolgen.[449]

[442] Vgl. Peters – Lange (2005), I Rn 29
[443] Vgl. Peters – Lange (2005), I Rn 28
[444] Vgl. auch *Wolf* in: Braun InsO, § 125 Rn 12.
[445] Vgl. Peters – Lange (2005), I Rn 42.
[446] Vgl. Peters – Lange (2005), I Rn 42.
[447] BAG verneint Nichtigkeit nach § 134 BGB unter im Text nachstehend genannten Voraussetzungen: vgl. Schrader/Straube (2008), XII Rn 88.
[448] Vgl. Peters – Lange (2005), I Rn 30.
[449] Vgl. Schrader/Straube (2008), XII Rn 84.

Abbildung 8 Modell einer Beschäftigungsgesellschaft[450]

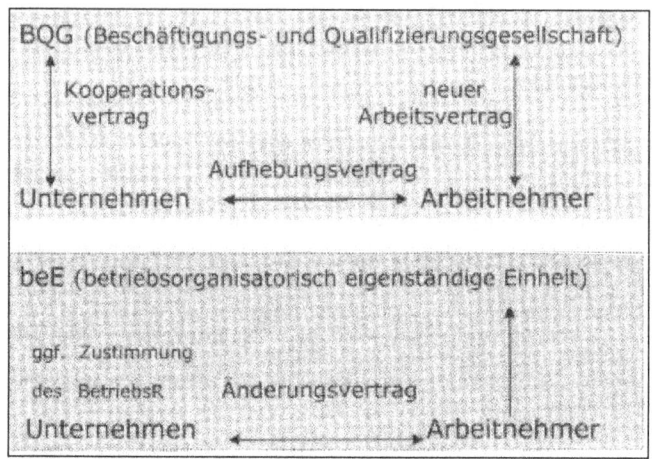

Gemäß §§ 216b X, 178 Nr. 1 und § 129 Nr. 1 SGB III zahlt die Bundesagentur für Arbeit für die maximale Dauer von zwölf Monaten Transferkurzarbeitergeld und fördert gemäß § 216a SGB III die Teilnahme an Transfermaßnahmen sowie die Qualifizierung von Arbeitnehmern bis maximal 2500 € pro Arbeitnehmer. Da bei Vereinbarung förderfähiger Transfermaßnahmen das Arbeitsverhältnis schon gekündigt ist, gestaltet sich richtigerweise die Reihenfolge Transferkurzarbeitergeld – Bildungsmaßnahme, wobei die Vereinbarung unter finanzieller Beteiligung des Arbeitgebers mit der Transfergesellschaft als Arbeitgeber getroffen werden muss.[451] Eine Kombination beider Fördermaßnamen für verschiedene betroffene Arbeitnehmer ist denkbar und wird auch oft angewandt.[452] Da seit der Neufassung der §§ 216a und 216b SGB III zum 01.01.2004 Transferleistungen nunmehr einen eigenen Rechtsanspruch begründen, erhöht sich die Planungssicherheit für die Beteiligten durch Einbezug der Leistungen in das Sanierungskonzept des Unternehmens.[453]

Insgesamt gestaltet sich die Inanspruchnahme von Transferleistungen als kostengünstigere und weniger riskante Alternative im Insolvenzverfahren.[454]

---

[450] Siehe Peters – Lange (2005) I Rn 43.
[451] Vgl. Peters – Lange (2005), I Rn 26.
[452] Vgl. Peters – Lange (2005), I Rn 24.
[453] Vgl. Peters – Lange (2005), I Rn 27.
[454] Vgl. Peters – Lange, I Rn 78.

5.8 Lohnnebenforderungen in der Insolvenz

5.8.1 Lohnsteuer

Abgestellt wird allein auf den Zeitpunkt der Begründetheit; nicht relevant ist, wann die Forderung steuerrechtlich entstanden ist.[455] Für die Lohnsteuer ist dies der Zeitpunkt, in dem die Arbeitsleistung durch den Arbeitnehmer erbracht worden ist. Nicht abgeführte Lohnsteuer, die auf vor der Insolvenzeröffnung erbrachten/ gezahlten Arbeitslohn[456] entfällt, gehört zu den Insolvenzforderungen. Das Finanzamt hat diese Ansprüche gemäß § 38 InsO zur Tabelle beim Insolvenzverwalter anzumelden. Da die Vorrangrechte ab dem 01.01.1999 (§§ 17 III Nr. 1a und 3 sowie § 13 I Nr. 3a GesO) abgeschafft wurden, ist das Finanzamt wie alle anderen unprivilegierter Insolvenzgläubiger. Voraussetzung ist jedoch, dass die Steuerforderung zivilrechtlich vor Verfahrenseröffnung begründet worden ist.[457] Nicht erforderlich nach § 41 InsO ist, dass die Forderung fällig ist, denn nicht fällige Forderungen gelten als fällig.

Nach der Eröffnung des Insolvenzverfahrens begründete Steuerforderungen gehören zu den sonstigen Masseverbindlichkeiten nach § 55 I Nr. 2 InsO.[458] Soweit der Insolvenzverwalter die Steuer nicht selbst errechnen und anmelden muss (§§ 38, 41a EStG), werden diese durch an den Insolvenzverwalter bekannt zu gebende Steuerbescheide festgesetzt. Forderungen der Massegläubiger sind nach der Insolvenzordnung oder im Rahmen eines beschlossenen Insolvenzplanes aus der Insolvenzmasse zu befriedigen. Steuerhaftender ist insoweit der Insolvenzverwalter[459], der gemäß § 69 AO[460] i.V.m. § 34 III AO als verfügungsbefugter Vertreter die Lohnsteuer einzubehalten und abzuführen hat.[461] Bei Pflichtverletzung haftet der Insolvenzverwalter bei vorsätzlichem oder grob fahrlässigem Verhalten nach § 69 AO und kann gemäß § 191 I AO durch Haftungsbescheid in Haftung genommen werden (siehe auch 5.3.3.4.2.).[462]

Das Insolvenzverfahren hindert das Finanzamt jedoch nicht, den Arbeitnehmer als Gesamtschuldner für die Lohnsteuer in Haftung zu nehmen, solange die Haftungsschuld nicht aus der Insolvenzmasse getilgt ist: § 42d III S. 1, 2 und 4 EStG.[463]

---

[455] Vgl. *Depre'/ Köbler* in Beck/Depre' (2003), § 22, Rn 94.
[456] Fallkonstellationen siehe in *Depre'/ Köbler* in Beck/Depre' (2003), § 22, Rn 100.
[457] Vgl. Boochs/Dauernheim (2008), S. 299.
[458] Vgl. Boochs/Dauernheim (2008), Rn 117.
[459] Vgl. *Depre'/ Köbler* in Beck/Depre' (2003), § 22, Rn 36.
[460] Siehe auch AEAO Nr. 1 zu § 69 AO.
[461] Siehe auch Boochs/Dauernheim (2008), Rn 148.
[462] Siehe auch AEAO Nr. 2 zu § 69 AO, Boochs/Dauernheim (2008), Rn 218 (S. 169).
[463] Vgl. Boochs/Dauernheim (2008), IX Rn 117.

Der Insolvenzverwalter hat die Arbeitnehmer weiter zu beschäftigen (§ 113 InsO). Somit ist die auf gezahlte Arbeitslöhne entfallende Lohnsteuer einzubehalten und abzuführen.[464] Hierbei hat der Insolvenzverwalter in seiner Rechtsstellung als Arbeitgeber wie schon ausgeführt alle diejenigen Pflichten zu erfüllen, die ohne Insolvenz dem Unternehmer obliegen würden. Dies gilt auch bereits für den vorläufigen Insolvenzverwalter, soweit mit dessen Bestellung dem Schuldner ein allgemeines Verfügungsverbot auferlegt worden ist (§ 22 I InsO). Die steuerlichen Pflichten, hier die Abgabe der Lohnsteuererklärungen, sind daher durch den Insolvenzverwalter zu erfüllen.[465]

5.8.2 Sozialversicherung

Ebenso wie die Vorrechte der Finanzbehörden sind die Vorrechte der Sozialversicherungsträger weggefallen. Diese müssen sich ebenfalls dem Ziel der gemeinschaftlichen Befriedigung aller Insolvenzgläubiger unterordnen. Zwar ist die Nichtabführung von Arbeitnehmerbeiträgen zur Sozialversicherung gemäß § 266a I StGB strafbar, selbst dann, wenn lediglich eine unpünktliche Zahlung erfolgte[466], jedoch begründet § 266a StGB insoweit keinen Vorrang der Sozialkasse in der Insolvenzsituation.[467], da der Unternehmer das Gebot der Massesicherung[468] zu beachten hat[469]. Insoweit folgt die insolvenzrechtliche Rangfolge von Beiträgen und Umlagen dem Grundsatz der Einordnung der zugrunde liegenden Arbeitsentgelte[470], wonach Arbeitnehmer einfache Insolvenzgläubiger gemäß § 38 InsO sind.

Soweit es sich um Beträge aus der Zeit vor Verfahrenseröffnung handelt, in der noch kein vorläufiger Insolvenzverwalter eingesetzt worden war, gelten die Beträge als Insolvenzforderungen nach § 38 InsO. Diese Forderungen sind erst zu befriedigen, wenn die Masseforderungen voll ausgeglichen worden sind. Auch aus der Richtlinie 80/987/EWG zur Angleichung der Rechtsvorschriften der Mitgliedstaaten über den Schutz der Arbeitnehmer bei Zahlungsunfähigkeit des Arbeitgebers vom 28.10.1980 leitet sich eine Sonderstellung des Sozialversicherers im Rahmen der Insolvenzan-

---

[464] Vgl. Boochs/Dauernheim (2008), Rn 148 (S. 104).
[465] Vgl. Boochs/Dauernheim (2008), Rn 148. (S. 103), Rn 211 (S. 164).
[466] Vgl. Lackner/Kühl (2007), zu § 266a, Rn 7.
[467] Vgl. Seefelder (2007), S. 55
[468] GmbH – Geschäftsführer: § 64 II GmbHG.
[469] Vgl. Lackner/Kühl (2007), zu § 266a, Rn 10: Unmöglichkeit der Leistung bei Zahlungsunfähigkeit; Seefelder (2007), S. 71 .
[470] Vgl. Peters – Lange (2005), II/I Rn 229.

fechtung nicht eindeutig her.[471] Nach Auslegung des EUGH betrifft die Richtlinie erkennbar nicht die Insolvenzanfechtung und kann somit auch nicht als Maßstab für die Auslegung der §§ 129ff. InsO herangezogen werden.[472]

Soweit Beitragsforderungen nach Eröffnung des Insolvenzverfahrens durch Weiterbeschäftigung von Arbeitnehmern entstehen, sind diese als Masseverbindlichkeiten gemäß § 55 I Nr. 2 InsO vorweg aus der Insolvenzmasse zu entrichten. Der frühere Grundsatz der KO bleibt somit bestehen.[473] Weiterarbeitende Arbeitnehmer werden gemäß § 209 I Nr. 2 InsO (§ 209 II Nr. 3 InsO) privilegiert. Insoweit könnte dem Insolvenzverwalter wegen späterer Nichterfüllung anderer Masseverbindlichkeiten wegen der Neubegründung von Ansprüchen trotz erkennbarer Masseunzulänglichkeit Haftung gemäß § 61 InsO drohen.[474] Der BGH stellt den Insolvenzverwalter insoweit nur frei, wenn die privilegierten Entgeltansprüche und daraus resultierende Nebenforderungen durch tatsächliche Arbeitsleistung zur Anreicherung der Masse beitragen.[475]

Abbildung 9 Zeitlicher Zusammenhang von Verfahrenseröffnung, Insolvenzforderung und Masseschulden[476]

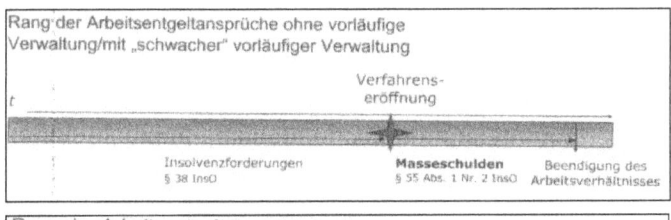

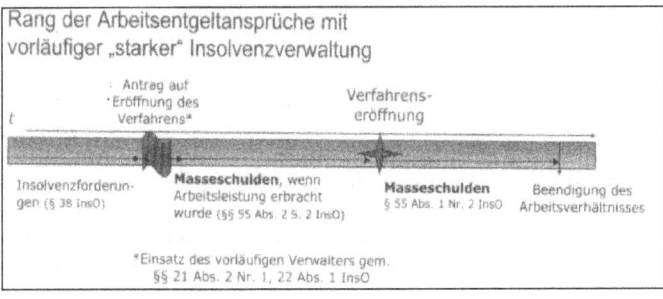

---

[471] Vgl. BGH, Beschluss vom 31.11.2005, IX ZR 35/05 in ZIP2005, 2217 und StuB 2006, 84.
[472] Vgl. BGH, Beschluss vom 31.11.2005, IX ZR 35/05 in ZIP2005, 2217 (2218) und StuB 2006, 84, (85)
[473] Vgl. Peters – Lange (2005), II/I Rn 230.
[474] Vgl. Peters – Lange (2005), II/I Rn 231
[475] Vgl. Peters – Lange (2005), II/I Rn 231.
[476] Quelle: Peters - Lange (2005), II/I Rn 234.

Ebenso wie die steuerlichen Pflichten gehen die Pflichten zu Anmeldung und Entrichtung auf den Insolvenzverwalter, wenn nicht schon auf den vorläufigen „starken" Insolvenzverwalter, über.[477] Hierbei können Beitragsansprüche den Rang von Masseforderungen einnehmen.[478]

Sozialversicherungsträger sind berechtigt, ihre Ansprüche, sofern es sich um Insolvenzforderungen handelt, zur Tabelle gemäß § 174 InsO anzumelden. Bei Bestreiten der Forderungen durch den Insolvenzverwalter können diese durch Beitragsbescheid festgesetzt werden, wogegen der Insolvenzverwalter Anfechtungsklage gemäß § 185 S. 1 2. Alt., S. 2 i.V.m. § 181 InsO vor dem Sozialgericht erheben muss.[479]

Nach § 28e I SGB IV sind Beiträge zur Gesamtsozialversicherung vom Arbeitgeber an die Beitragstelle zu entrichten. Dieser Gesamtsozialversicherungsbeitrag umfasst neben dem Arbeitgeber- auch den Arbeitnehmeranteil. Der Arbeitgeber hat gegen den Arbeitnehmer einen Anspruch auf den vom Beschäftigten zu zahlenden Teil des Gesamtsozialversicherungsbeitrages. Dieser Anspruch kann jedoch nur durch Abzug vom Arbeitslohn geltend gemacht werden.[480] § 28e I SGB IV wurde seit dem 01.01.2008[481] dahingehend ergänzt, dass dieser Arbeitnehmeranteil dem Vermögen des Arbeitnehmers zuzuordnen ist: § 28 e I S. 2 SGB IV.[482] Somit gehört dieser Arbeitnehmerbeitragsanteil eindeutig nicht zum Vermögen des Arbeitgebers. Abzug und Abführung berühren insofern nur die Frage, wie der Arbeitgeber seine Zahlungspflicht gegenüber der Einzugsstelle erfüllt.

5.9 Insolvenzanfechtung

5.9.1. Allgemeines

Die in den § 129ff Inso geregelte Insolvenzanfechtung[483] soll im Interesse der Gesamtheit der Gläubiger Verringerungen der Verteilungsmasse unter bestimmten Bedingungen rückgängig machen, die vor Eröffnung des Insolvenzverfahrens erfolgt

---

[477] Vgl. Boochs/Dauernheim (2007); Rn 148.

[478] Vgl. Peters – Lange (2005) II/I Rn 245.

[479] Vgl. Peters – Lange (2005), II/I Rn 246.

[480] Vgl. Peters – Lange (2005), II/I Rn 243.

[481] Neugefasst Beschluss von 23.01.2006 BGBl I S. 86 i.V.m. Art. 4 Gesetz vom 30.10.2008 BGBl I S. 2130.

[482] Allerdings stellte der BGH mit Urteil IX ZR 210/07 vom 27.03.2008 klar, dass § 28e SGB IV n.F. auf vor dem 01.01.2008 eröffnete Insolvenzverfahren keine Anwendung findet: DB vom 24.05.2008, Heft 17.

[483] Ein Theorienexkurs über die Rechtsnatur der Anfechtung würde den Rahmen der Arbeit sprengen: siehe hierzu *Fehl* in:Beck/Depre` (2003), § 9C Rn 12ff.

sind.[484] In der einem Insolvenzverfahren vorangehenden Krise kommt es nicht selten und Rechtsgeschäften und Handlungen, die für die spätere Insolvenzmasse ungünstig sind.[485] Das Gesetz zählt in den §§ 130 – 137 InsO verschiedene, genau umrissene Anfechtungstatbestände auf. Nur bei Erfüllung aller Tatbestandsmerkmale ist ein Anfechtungsrecht gegeben. Das Anfechtungsrecht übt gemäß § 129 InsO der Insolvenzverwalter, nicht der einzelne Gläubiger aus.[486] Gemäß § 130 I InsO spielt der Zeitpunkt der Vornahme der Rechtshandlung[487] eine große Rolle: Nr. 1 in den letzten drei Monaten vor Eröffnungsantrag bzw. Nr. 2 nach Eröffnungsantrag und der Gläubiger zu diesem Zeitpunkt Kenntnis von der Zahlungsunfähigkeit oder dem Eröffnungsantrag hatte.

Problematisch bei Arbeitsverhältnissen gestaltet sich hier nicht selten die Stellung des Insolvenzverwalters bei der Einschätzung noch durch den Insolvenzschuldner gezahlter Lohnsteuern[488], denn in der Regel ist anzunehmen, dass Finanzamt oder Sozialversicherungsträger Kenntnis von der Zahlungsunfähigkeit des späteren Insolvenzschuldners hatten (Anscheinsvermutung des § 18 II InsO).

Weitere Voraussetzung für jede Insolvenzanfechtung ist die objektive Benachteiligung der Insolvenzgläubiger in ihrer Gesamtheit (§§ 38,39 InsO) gemäß § 129 I InsO.[489] In diesem Zusammenhang ist auf den Kausalzusammenhang zwischen angefochtener Rechtshandlung und Gläubigerbenachteiligung zu verweisen, d.h., ohne die erfolgte Rechtshandlung hätte die Gesamtheit der Insolvenzgläubiger eine bessere Befriedigungsmöglichkeit gehabt haben.[490] Mit Ausnahme von § 132 I InsO (Unmittelbarkeitsanfechtung) und § 133 II InsO (Vorsatzanfechtung gegenüber nahe stehenden Personen) ist eine mittelbare Beeinträchtigung ausreichend.[491] Der Nachteil kann hierbei in der Verminderung der Aktivmasse oder in der Vergrößerung der Schuldenmasse[492], aber auch in der Erschwerung der Rechtsverfolgung bestehen.[493] Bei der Zahlung von Lohnsteuern an das Finanzamt erlangt § 142 InsO eine besondere Bedeutung, da in einem engen zeitlichem Zusammenhang unmittelbar eine

---

[484] Vgl. *de Bra* in: Braun InsO, § 129 Rn 1, 3.
[485] Vgl. Becker (2008), § 14 Rn 601; *de Bra* in: Braun InsO, § 129 Rn 1, 3.
[486] Vgl. *de Bra* in: Braun InsO, § 129 Rn 37.
[487] Der Begriff der Rechtshandlung wird hierbei weit ausgelegt: vgl. *de Bra* in: Braun InsO, § 129 Rn 11,12.
[488] Abführung von Lohnsteuern an das Finanzamt wirken regelmäßig gläubigerbenachteiligend: vgl. *de Bra* in: Braun InsO, § 129 Rn 31.
[489] Vgl. auch Becker 82008), § 14 Rn 629.
[490] Vgl. *Fehl* in:Beck/Depre` (2003), § 9C Rn 43.
[491] Vgl. *de Bra* in: Braun InsO, § 133 Rn 8; Foerste (2008), § 22 Rn 294.
[492] Vgl. Foerste (2008), § 22 Rn 288.
[493] Vgl. *de Bra* in: Braun InsO, § 129 Rn 23.

objektiv gleichwertige Gegenleistung in das Schuldnervermögen gelangt (die Arbeitskraft des Arbeitnehmers) und die Anfechtbarkeit des sogenannten Bargeschäftes nur
gegeben ist, wenn der Anfechtungtatbestand des § 133 I InsO greift.[494] Dem Leis-
tungsempfänger muss der Vorsatz zur Gläubigerbenachteiligung bekannt sein. Die
Beweislast der Privilegierung trifft hier den Anfechtungsgegner.[495]

Weiterhin ist eine Zahlung nur dann anfechtungsfähig, wenn sie aus dem Vermögen
des Schuldners gezahlt wurde. Eine Zahlung mit Mitteln Dritter kann nur angefochten
werden, wenn sie vor der Zahlung dem Vermögen des Schuldners gutgeschrieben
wurde.[496] Im Fall eines abgekürzten Zahlungsweges des Dritten ist somit eine
Anfechtung möglich, wenn zwischen dem Dritten und dem Insolvenzschuldner ein
schuldrechtlicher Vertrag besteht, aufgrund dessen der Dritte mit Zustimmung des
Insolvenzschuldners z.B. Abgabenrückstände beglichen hat.

Die Beweislast für die Kenntnis des Insolvenzgläubigers von der Zahlungsunfähigkeit
oder dem Insolvenzeröffnungsantrag trägt grundsätzlich der Insolvenzverwalter,
desgleichen die Beweislast für den Benachteiligungsvorsatz.[497] Somit sind seine
Klagen unbegründet, wenn die Kenntnis vom Insolvenzgläubiger bestritten wird und
er diese Kenntnis nicht beweisen kann. Schwierig gestaltet sich dies in den Fällen, in
denen die Beteiligten schweigen oder die (oftmals in der Krise ungeordnet geführten)
Geschäftsunterlagen keine Auskunft geben; in diesen Fällen kann die Beweislast
umgekehrt werden.[498] Gemäß § 19 II InsO wird jedoch diese Kenntnis beim Insolvenzgläubiger vermutet, wenn er wusste, dass Zahlungsunfähigkeit droht, so dass
nunmehr der Anfechtungsgegner die Beweislast für die Unkenntnis trägt.

5.9.2. Anfechtung von Zahlungen an Sozialversicherungsträger

Die Pflicht des Insolvenzverwalters, die Insolvenzmasse zu sichern zwecks Verteilung
an die Gläubiger, kollidiert mit der Pflicht zur Abgabe von Sozial-
versicherungsbeiträgen, wobei zu bedenken, dass § 266 a StGB im Hintergrund straf-
rechtliche Sanktionen hervorrufen kann.[499] Sozialversicherungsträger sind insoweit

---

[494] Vgl. auch Becker (2008), § 14 Rn 654.
[495] Vgl. *de Bra* in: Braun InsO, § 142 Rn 21.
[496] BGH, Urt v 27.05.2003, IX ZR 169/02, DB 2003, 2171; BGH, Urt v 17.07.2003, IX ZR 272/02, DB 2003, 2488.
[497] Vgl. *de Bra* in: Braun InsO, § 142 Rn 21; Foerste (2008), § 22 Rn 299.
[498] Vgl. Foerste (2008), § 22 Rn 299.
[499] Vgl. Peters – Lange (2005), III Rn 263.

nicht privilegierte Insolvenzschuldner nach § 38 InsO und können dem Anfechtungs-recht des Insolvenzverwalters nach § 143 InsO zur Rückgabe von empfangenen Leistungen an die Masse unterliegen. Der BGH hat hierzu auch im Hinblick auf die strafrechtlichen Auswirkungen des § 266a StGB eine massefreundliche Rechtsspre-chung entwickelt.[500]

So wird bei Zahlungen während der kritischen drei Monate vor Insolvenzeröffnung stets davon ausgegangen, dass der Schuldner nur aufgrund der drohenden Zwangs-vollstreckung unter Druck bezahle.[501] Regelmäßig ist hier eine inkongruente Deckung i.S.d. § 131 I InsO anzunehmen, die die Darlegungs- und Beweislast von der Un-kenntnis der drohenden Zahlungsunfähigkeit dem Gläubiger aufbürdet;[502] DA DER Insolvenzgläubiger Zahlungen erhält, die ihm in diesem Umfang zu diesem Zeitpunkt nicht mehr zustanden.[503] Angedrohte Zwangsvollstreckungsmaßnahen stehen Insol-venzanträgen gleich, so dass Zahlungen des späteren Insolvenzschuldners als unter Druck angenommen und als inkongruente Deckungen gewertet werden.[504] Zudem gebietet es die Lebenserfahrung anzunehmen, dass der insolvenzreife Schuldner aufgrund der Strafbewehrtheit nach § 266a StGB derartige Ansprüche vorrangig vor den anderen begleichen wird, die ihm weniger gefährlich werden können.[505] In diesen Fällen wird davon ausgegangen, dass der Schuldner seine Vermögens- und Haftungs-verhältnisse nicht mehr privatautonom steuern kann.[506]

Nicht selten erfolgt eine Anfechtung des Insolvenzverwalters gemäß § 131 InsO, wenn entstandenen Verbindlichkeiten aus Arbeitslohn keine kongruente Gegenleis-tung gegenübersteht. In der Regel handelt es sich hierbei um Zahlungen, die aufgrund von Vollstreckungsmaßnahmen oder zur Abwehr derselben bzw. aufgrund von Ratenzahlungen zugeflossen sind.[507] Auf einen Beteiligungsvorsatz des Schuldners oder die Kenntnis des Leistungsempfängers kommt es im Rahmen des § 131 InsO nicht an.

Somit eröffnet sich die Anfechtungsmöglichkeit des Insolvenzverwalters aufgrund § 131 I Nr. 2 (Zahlungsunfähigkeit) und Nr. 3 InsO (Kenntnis der Gläubigerbenachtei-

---

[500] Vgl. Peters – Lange (2005), III, Rn 264.
[501] Vgl. *de Bra* in: Braun InsO, § 133 Rn 12.
[502] Vgl. Peters – Lange (2005), III Rn 265; BGH vom 18.12.2003, IX ZR 199/02, ZIP 2004, 319 (320).
[503] Vgl. *Fehl* in:Beck/Depre` (2003), § 9C Rn 83.
[504] Vgl. Peters – Lange (2005), III Rn 265; BGH vom 18.12.2003, IX ZR 199/02, ZIP 2004, 319.
[505] Vgl. *de Bra* in: Braun InsO, § 133 Rn 22; Peters – Lange (2005), III Rn 267.
[506] Vgl. *Fehl* in:Beck/Depre` (2003), § 9C Rn 69.
[507] BGH, Urt v 11.04.2002, IX ZR 211/01, ZIP 2002, 1159; BGH Urt v 27.05.2003, IX ZR 169/02, ZIP 2003, 1506; BGH, Urt. v. 07.02.2002, IX ZR 115/99, ZinsO 2002, 276.

ligung) und der Verdachtsvermutung nach §§ 17 II und 18 II InsO. Sozialversicherungsträger sind wohl beraten, sich genau zu überlegen, ob sie Zahlungen des Schuldners akzeptieren.

5.9.3 Anfechtung von Zahlungen an das Finanzamt

Ebenso wie die Sozialversicherungsträger haben Finanzämter ihre Vorrangstellung
verloren[508] und sind nunmehr nicht privilegierte Insolvenzschuldner nach § 38 InsO.
Aufgrund der besonderen und analogen Situation zu den Sozialversicherungsträgern
und Verdachtszahlungen aufgrund drohender Vollstreckungen unterliegen Zahlungen
innerhalb der letzten drei Monate ebenso wie die Zahlungen an Sozialversicherungsträger in der Regel der Anfechtung nach § 131 I InsO.

---

[508] Insbesondere § 61 I Nr. 2 KO: vgl. Boochs/Dauernheim (2008), VIII Rn 112 .

6. Schlusswort

Wirtschaft und Märkte unterliegen einem stetem Strukturwandel. Sie regulieren sich in der Regel selbst und passen sich an Angebot und Nachfrage an. In den letzten Jahrzehnten brachte der rasante branchen- und grenzenübergreifende Fortschritt im Bereich von Informations- und Telekommunikationstechnologie jedoch viele Firmen an ihre Grenzen, da Ressourcen und Management nicht auf diesen schnellen Wandel eingestellt waren und die Unternehmen, besonders im Bereich Klein- und Mittelunternehmen, Schwierigkeiten hatten, sich flexibel umzustrukturieren.

Unternehmensschwierigkeiten bedingen finanzielle Einbußen für den einzelnen Arbeitnehmer, im schlimmsten Fall droht Arbeitsplatzverlust. Selten sind Arbeitnehmer in der Position, hierauf Einfluß nehmen zu können. Unter dem Aspekt, dass Lohneinkünfte oft genug die einzige familiäre Einnahmequelle sind, ist der Arbeitnehmer in der Regel gezwungen, seine Lebensqualität einzuschränken, wenn nicht gar herabzustufen. Verarmung droht.

Das im Grundgesetz ausgedrückte Sozialstaatsprinzip nimmt somit den Staat in die Pflicht, die schwächere Rechtsposition des Arbeitnehmers zu stärken und entwickelte hierzu verschiedene Instrumente wie Kündigungsschutz oder Mitbestimmungsrechte.

Für den Fall der Unternehmenskrise ging der Gesetzgeber noch weiter. Er verknüpfte Unternehmensinsolvenzrecht mit Arbeitsrecht und versuchte ein Netz sozialer Absicherung zu weben. Sicherlich hat dieses Netz Lücken und fängt nicht alle Arbeitnehmer auf, die hineinfallen. Der Grundsatz besteht darin, dass Arbeitsverhältnisse durch die Insolvenz des Unternehmers/Arbeitgebers nicht beendet werden, sondern nur ein Parteienaustausch auf Arbeitgeberseite erfolgt und das Arbeitsrecht mit einigen Modifikationen weiter gilt. Diese Modifikationen waren notwendig, um die besondere wirtschaftliche Situation des Insolvenzunternehmens zu erfassen und das Ziel der Insolvenzordnung – die Unternehmenssanierung -durchführen zu können. Der Insolvenzverwalter muss hierbei in der Lage sein, einigermaßen flexibel bestehende Arbeitsverhältnisse anpassen/kündigen zu können, um die Unternehmensstruktur aufgrund der wirtschaftlichen Gegebenheiten verändern zu können. Für den einzelnen Arbeitnehmer bringt dies finanzielle Nachteile. Der Gesetzgeber hat auch hierauf reagiert und verschiedene anzuwendende Szenarien geschaffen, um diese

Nachteile einzelfallspezifisch ausgleichen zu können: Sozialplan, Insolvenzgeld oder Transfergesellschaften.

Aufgrund der zunehmenden Globalisierung und weltweiten Wirtschaftsvernetzungen agieren Unternehmen heutzutage nicht mehr nur deutschlandweit. Unterschiedliche Wirtschafts- und Rechtssysteme bedingen staatenübergreifende Probleme, insbesondere auch in Insolvenzfällen. Als Besonderheit erweist sich der Wirtschaftsraum der EU. Hierbei überlappt anzuwendendes Gemeinschaftsrecht nationales Recht. Die Problematik für den einzelnen Arbeitnehmer besteht oft genug darin, seine genauen Rechten und Pflichte nicht zu kennen. Hier gilt der Grundsatz: es gilt Gemeinschaftsrecht, es sei denn, der nationale Schutz ist umfassender.

Zusammenfassend ist zu sagen, der Arbeitnehmer in Deutschland ist bei einer Unternehmensinsolvenz nicht recht- und hilflos. Immer öfter spielen auch Arbeitnehmer eine aktive Rolle im Insolvenzverfahren und gestalten die Verfahrensabläufe mit. Der im Sozialauftrag des Staates ausgestaltete gesetzliche Schutz bietet für eine gewisse Zeit Schutz und gibt jedem einzelnen Arbeitnehmer die Möglichkeit, sich auf die veränderte Situation einstellen zu können.

7. Anhänge

Anhang 1 Verlauf eines Insolvenzverfahrens[509]

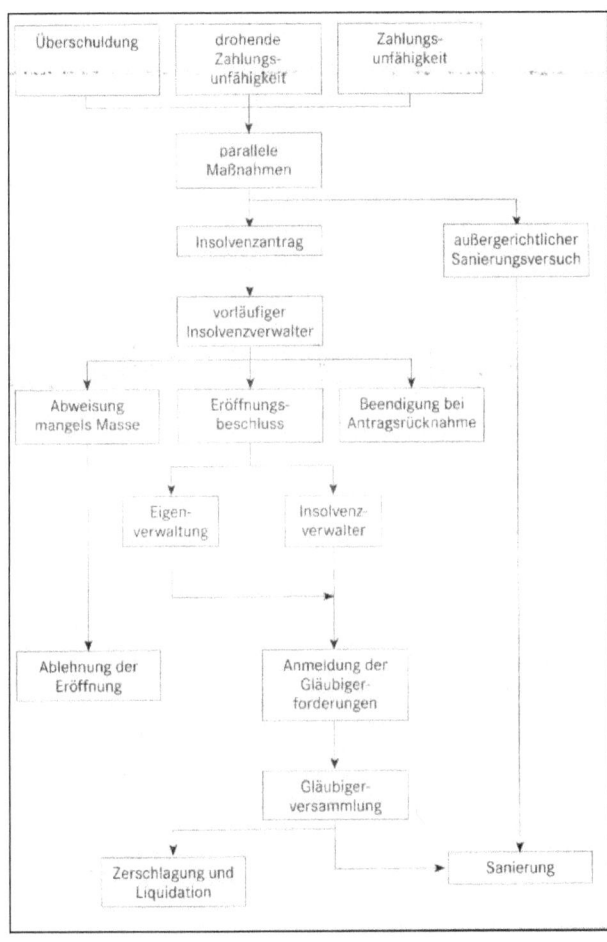

---

[509] Siehe Seefelder (2007), S. 236.

I. Sozialrechtliche Pflichten des ArbG/Insolvenzverwalters

Pflichten des ArbG/Insolvenzverwalters

Pflichten im Insolvenzgeschehen (im Hinblick auf Sozialleistungen und Forderungen der Sozialversicherungsträger):	Rechtsgrundlage/Ausführungen im Text/Vordrucke:
Mitteilung über betriebliche Veränderungen an AA Prüfung, ob Kug/Transfer-Kug/Förderung von Transfermaßnahmen in Betracht kommt	§ 2 Abs. 3 SGB III („soll") §§ 169 ff., 216a, 216b SGB III im Text: 1.Teil I - III
Wenn ja: Anzeige von Arbeitsausfall bei Arbeitsagentur Antrag auf Kug/Transfer-Kug/Förderung von Transfermaßnahmen (ohne vorherige Anzeige)	§ 173 SGB III i.V.m. § 216 Abs. 5 SGB III § 324 Abs. 2 SGB III; im Text I 1c) + 2c, ee) + 3d); Vordrucke im Anhang unter 1., 4.-6.
Im Rahmen der Insolvenzgeld-Gewährung: • Unterrichtung der Belegschaft über Abweisungsbeschluss mangels Masse	§ 183 Abs. 4 SGB III; im Text 1b, cc), verbunden mit Hinweis auf Insolvenzgeldantrag (§ 324 Abs. 3 SGB III; Vordruck im Anhang unter 2.)
• Ausstellung der Insolvenzgeld-Bescheinigung	§ 314 SGB III; Vordruck unter 3.
• Auskunftspflichten gegenüber Arbeitsagentur und Insolvenzverwalter (ArbG)	§ 316 SGB III
Prüfung von Anfechtungsmöglichkeiten nach Insolvenzeröffnung, insbesondere Zahlungen an Sozialversicherungsträger in der Krise und außerhalb des Dreimonatszeitraums	§§ 129 ff. InsO, insbes. §§ 130, 131, 133 InsO; im Text 2.Teil III 1 a) und b)
Antrag auf Stundung oder Erlass von Beitragsansprüchen bzw. Säumniszuschlägen	§ 76 Abs. 2 Nr. 1 und Nr. 3 SGB IV; im Text IV 3a) und c)
Im Rahmen von Insolvenzplanverhandlungen Rangrücktrittserklärungen der Sozialversicherungsträger herbeiführen	§§ 221, 222 InsO i.V.m. § 76 Abs. 2 und 4 SGB IV; im Text IV 3 d)

Aus: Peters –Lange 2005), Rn 330.

II. Pflichten der Sozialversicherungsträger in der Krise und der Insolvenz

Pflichten der Sozialversicherungsträger

Pflichten im Leistungsgeschehen und beim Beitragseinzug	Rechtsgrundlagen/Ausführungen im Text/ggf. Durchführungsanweisung
Beratung der Arbeitsagenturen über **Transferleistungen**, ggf. im Rahmen von Sozialplanverhandlungen, Einigungsversuch durch Regionaldirektion auf Ersuchen von Betriebsrat/ArbG/Einigungsstelle	§§ 216a Abs. 4, 216b Abs. 5 S. 3 SGB III; § 112 Abs. 2 BetrVG; im Text I 2d \ 3d); Beratungs- und Interpretationshilfen der BA, Checkliste
Pflicht zur Amtsermittlung der Voraussetzungen der **Insolvenzgeldgewährung**, insb. betr. Vorliegen eines tauglichen Insolvenzereignisses ; in diesem Rahmen offen, ob auch Pflicht der BA zur **Stellung des Insolvenzeröffnungsantrags**, wenn offensichtliche Masselosigkeit nicht feststellbar	§ 20 SGB X und frühere Rspr. des BSG (im Text unter 1.Teil II 1 b, cc); § 183 Abs. 1 S. 1 Nr. 3 SGB III; Durchführungsanweisungen zu § 183 SGB III unter 3.3
Pflicht der BA zur **Anmeldung** der nach Insolvenzgeldantrag übergegangenen Arbeitsentgeltansprüche zur **Insolvenztabelle** oder zur Geltendmachung außerhalb des Insolvenzverfahrens (Ausschlussfristen!) im Hinblick auf mögl. Rückfall an AN	§ 187 SGB III („mit dem Antrag"); im Text unter I.Teil II 1 d); dazu auch urchführungsanweisungen zu § 187 SGB III unter 1.1 und 1.2.
Pflicht der Einzugsstelle oder Unfallversicherungsträger zur Stellung des Insolvenzeröffnungs**antrags** nach erfolgloser Zwangsvollstreckung (Vorsicht bei Zahlungen im Hinblick auf Anfechtbarkeit!)	§§ 13, 14 InsO; im Text unter 2.Teil III 2.
Prüfung von **Aufrechnungs-** und **Verrechnungsmöglichkeiten** hinsichtlich Beitragsansprüchen im Vorfeld einer oder nach Insolvenzeröffnung	§§ 51, 52 SGB I; §§ 94, 95, 96 InsO; im Text unter 2.Teil IV 1 + 2.
Niederschlagung bzw. **Stundung** und **Erlass** (auf Antrag) von Beitragsforderungen bei Zahlungsunfähigkeit oder des Beitragsschuldners prüfen	§ 76 Abs. 2 SGB IV; im Text unter 2.Teil IV 3 + VII.

Aus: Peters – Lange (2005), Rn 331

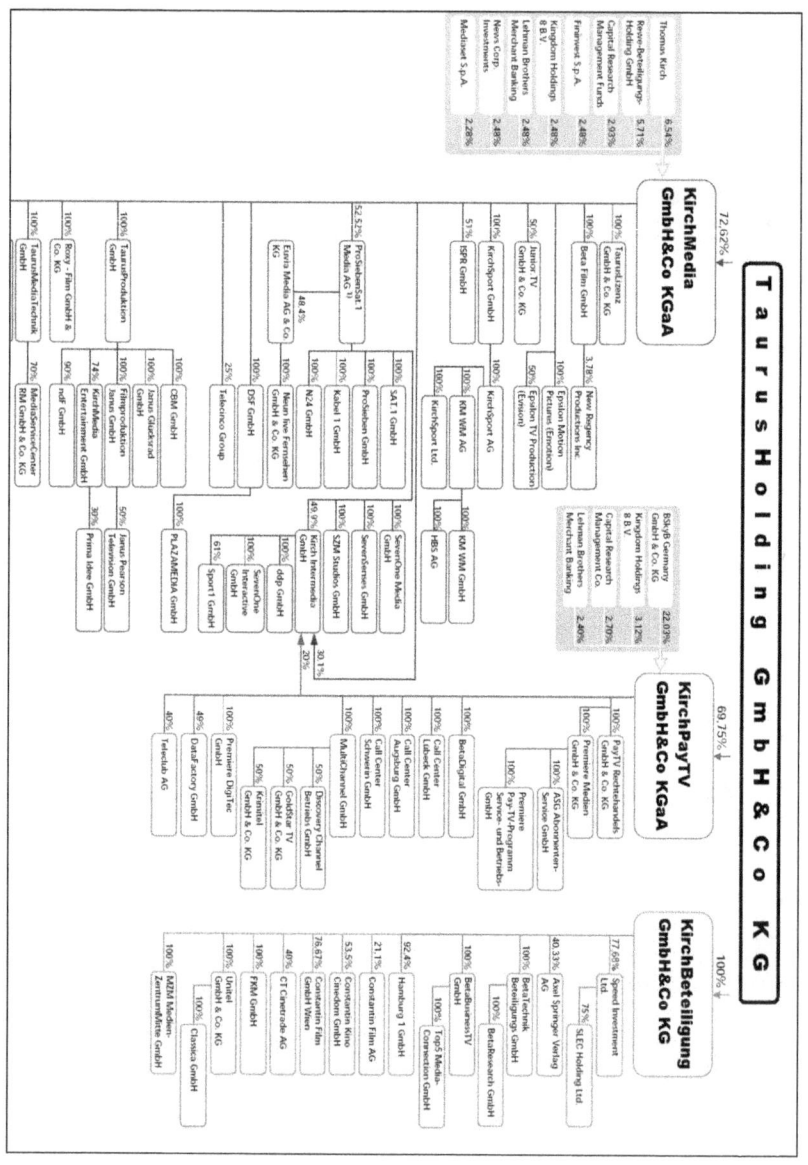

8. Literaturverzeichnis

Ackermann, Josef (2007): Die Schwellenländer in der Weltwirtschaft – Auswirkungen der Subprime-Krise, der wachsende Einfluss der Emerging Markets und ihre Bedeutung in der globalen Strategie der deutschen Bank, in: Kellerhals,

Adomeit, Klaus (2005): Mehr Beschäftigung durch Neues Arbeitsrecht, Berlin 2005

Angele, Jürgen/ von Karmainsky, Sascha (2006): Insolvenzen 2005, in: Statistisches Bundesamt – Wirtschaft und Statistik, Heft 4, Jg. 2006, Wiesbaden 2006, S. 351 – 359

Baumbach, Adolf/Hopt, Klaus J.; Merkt, Hanno (2006): Handelsgesetzbuch, Bd. 9, 32., neu bearb. und erweiterte Aufl., München 2006

Beck, Siegfried/Depre`, Peter (2003): Praxis der Insolvenz, München 2003

Becker, Christoph (2008): Insolvenzrecht, 2., neu bearb. Aufl., Köln, München 2008

Biebl, Josef (2004): Das neue Kündigungs- und Befristungsrecht, München 2004

Boehmke, Burkhard/ Föhr, Silvia (1999): Arbeitsformen der Zukunft, Heidelberg 1999

Boochs, Wolfgang/ Dauernheim, Jörg (2007): Steuerrecht in der Insolvenz, 3. Aufl., Neuwied 2007

Braun, Eberhard/Bauch, Rüdiger (2007): Insolvenzordnung – Kommentar, 3. neu bearb. Aufl., München 2007 (zitiert Braun InsO)

Busemann, Andreas; Schäfer, Horst (2006): Kündigung und Kündigungsschutz im Arbeitsverhältnis, 5., überarbeitete Aufl., Berlin

Classen, Claus Dieter (2007): Einführung in: Europarecht, 22., neu bearb. Aufl., München 2007

Däubler, Wolfgang/ Ahrendt, Martina (2008): Arbeitsrecht - Handkommentar, Baden – Baden 2008

Dietz, Martin/ Walwei, Ulrich (2007): Beschäftigungswirkungen des Wandels der Erwerbsformen, in: Keller, Berndt; Seifert, Hartmut (hrsg.): Atypische Beschäftigung-Flexibilisierung und soziale Risiken, Berlin 2007

Dornbusch, Gregor/Wolff, Alexander (2007: KSchG . Kommentar zum Kündigungsschutzgesetz und zu den wesentlichen Nebengesetzen, 2. Aufl., Köln 2007

Dütz, Wilhelm (2007): Arbeitsrecht, 12. Aufl., München

Dzida, Boris/Hohenstatt, Klaus-Stefan (2006): BAG schafft Klarheit bei Massenentlassungen in: Der Betrieb, Heft 35, Jg. 2

Erfurter Kommentar zum Arbeitsrecht (2006): begr. u. hrsg. von Thomas Dietrich, 6., neu bearbeitete Aufl., München 2006 (zitiert ErfKomm)

Fickinger, Nico: Kein Arbeitsvertragsgesetz in dieser Legislaturperiode unter http://www.faz.net/s/Rub8EC3C0841F934F3ABA0703761B67E9FA/Doc Ecommon Scontent.html S. 1-2. Stand 30.10.2008

von Finckenstein, Barbara (2005): Freie Unternehmensentscheidung und dringende betriebliche Erfordernisse betriebsbedingter Kündigung, Diss., Berlin 2005

Fitting, Karl/ Wissmann, Helmut (2008): Mitbestimmungsrecht: Mitbestimmungsgesetz, Drittelbeteiligungsgesetz, Wahlordnungen, Mitbestimmung auf europäischer Ebene – Kommentar; 3. Aufl., München 2008 (zitiert Wlotzke)

Flecker, Jörg/ Stary, Christian/Riesenecker-Caba, Thomas (2001): Kooperationen in Informationsräumen. Auf der Suche nach praktischen Anwendungen neuer Konzepte aus der Informatik, in Flecker, Jörg/ Papouschek, Ulrike/ Riesenecker-Caba, Thomas (hrsg.): Herausforderungen der Arbeitswelt, München 2001

Foerste, Ulrich (2008): Insolvenzrecht, 4. Aufl., München 2008

Freiberg, Stephan (2007): Europäisches Arbeitsrecht, Aachen 2007

Giesecke, Johannes/ Groß, Martin (2007): Flexibilisierung durch Befristung, in: in: Keller, Berndt; Seifert, Hartmut (hrsg.): Atypische Beschäftigung- Flexibilisierung und soziale Risiken, Berlin 2007

Häsemeyer, Ludwig (2002): Insolvenzrecht, 3. Aufl., Köln 2002

Hammerschmidt, Rupprecht (2008): Zeitarbeitsbranche drohen Massenentlassungen, in: Berliner Zeitung, Nummer 277, 25.11.2008, S. 10

Hemmer/Wüst/Beuttenmüller (2007) : Die 23 wichtigsten Fälle zum Europarecht, Würzburg 2007

Hesselberger, Dieter (1990): Das Grundgesetz; Kommentar für die politische Bildung, Neuwied, Frankfurt/Main 1990
*Hoffmann – Theinert,*R.: „Die Eigenverwaltung als Alternative zum Regelinsolvenzverfahren" unter http://www.insolvenzverein.de/archiv/jahr04/Theinert.htm S. 1 – 15 Stand 13.11.2008

von Hoyningen-Huene, Gerrick/ Linck, Rüdiger (2007): Kündigungsschutzgesetz - Kommentar, 14., neu bearbeitete Aufl., München 2007

Hümmerich, Karl (2006): Kommentierte Klauseln und Musterverträge, Baden-Baden 2006

Karasch, Diana: Grundig entschädigt 1.300 entlassene Mitarbeiter unter http:// www.pte.at/pteprint.mc?pte=010615057 S. 1 Stand 13.11.2008

Keller, Berndt; Seifert, Hartmut (2007): Atypische Beschäftigungsverhältnisse in: Keller, Berndt/ Seifert, Hartmut: Atypische Beschäftigung- Flexibilisierung und soziale Risiken, Berlin 2007

Kellerhals, Andreas (2008): Europäische und globale Herausforderungen, Zürich 2008

Kittner, Michael/ Däubler, Wolfgang/ Zwanziger, Bertram (2008): Kündigungs-schutzrecht, 7. überarb. and akt. Aufl., Frankfurt am Main 2008

Küttner, Wolf D. (2007): Personalbuch, 14. Aufl., München

Lackner, Karl/ Kühl, Kristian (2007): Strafgesetzbuch – Kommentar, 26., neu bearb. Aufl., München 2007

Mohrhammer, Ralf (2006):Der Fernabsatz von Finanzdienstleistungen am Verbrau-cher, Baden – Baden 2006

Münchner Kommentar zur Insolvenzordnung (2007): Bd. 1 (§§ 1 – 102), 2. Aufl., 2007 (zitiert MK)

Müssig, Peter (2006): Wirtschaftsprivatrecht, 9. Aufl., Heidelberg 2006

Musielak, Hans – Joachim (2005): Grundkurs ZPO, 8. Aufl., München 2005

Niesel, Klaus/ Brand, Jürgen (2007): Sozialgesetzbuch: Arbeitsförderung – SGB III - Kommentar, 4. Aufl., München 2007

o.V.: Schwarzer Tag im britischen Einzelhandel, Frankfurter Allgemeine Zeitung vom 28.11.2008, Nr. 279 S. 16

o.V.: Unternehmen planen mehr Entlassungen, Frankfurter Allgemeine Zeitung vom 28.11.2008, Nr. 279, S. 13

o.V.: Qualifikation für mehr Produktivität, Beschäftigungswachstum und Entwick-lung: fünfter Tagesordnungspunkt, Genf 2008

o.V.: www.anwaltverein.de/downloads/Stellungnahmen-08/SN-59-08.pdf

*o.V.:*http://www.bmj.de/enid/172b8faca6951c4e5d49f404481c4500,156083706d635f 6964092d0935343438093a095f7472636964092d0935323933/Pressestelle/Pressemitt eilungen_58.html

o.V.: http://www.chefarztrecht-aktuell.de/52/print.html

*o.V.:*http://de.statistika.org/statistik/diagramm/studie/314/umfrage/beendigungsart-des-letzten-beschaeftigungsverhaeltnisses/

o.V.:

http://www.destatis.de/jetspeed/portal/cms/Sites/destatis/Internet/DE/Presse/pm/2007/
12/PD07_496_52411.psml

o.V.: http://www.handelsblatt.com/archiv/grundig-steht-vor-der zerschlagung;633293

*o.V.:*http://www.hensche.de/Arbeitsrecht_aktuell_EuGH_distanziert_sich_erneut_vo
m_Mangold-Urteil_EuGH_C427-06.html

*o.V.:*http://www.hrm.de/SITEFORUM?&t=/Default/gateway&i=1169747321057&
application=story&active=no&ParentID=1169812876510&StoryID=1178025004162
&xref=http%3A//suche.aolsvc.de/aol/search%3Fq%3DEUGH+C+188%252F04%26l
angRestrict%3D2

o.V.: www.insolvenzrecht.de/inhalte/materialien/rege-inos-1992/

o.V.: http://www.pressetext.at/pte.mc?pte=010615057

o.V.: http://www.schubra.de/de/veroeffentlichungen/aufsaetze.php

o.V.: http://www.tagesschau.de/wirtschaft/chronologiefinanzmarktkrise100.html

o.V.: http://www.tecchannel.de/news/themen/business/411212/kirch_
eigenverwaltung-verwirrung_um_ paytv/ (zitiert Eigenverwaltung)

*o.V.:*http://www.welt.de/article2662343/Staat-will-eine-Million-Jobs-in-Deutschland-
retten.html (zitiert Million Jobs)

*o.V.:*http://www.welt.de/welt_print/article2642285/Inkassoverband-Finanzmartkrise-
bedeutet-Aus-fuer-Tausende- Firmen.html (zitiert Inkasso)

*o.V.:*http//:www.welt.de/wirtschaft/article2645672/Am-Arbeitsmarkt-herrscht-die-
Ruhe-vor-dem-Sturm.html

Palandt Bürgerliches Gesetzbuch; Kommentar (2006): hrsg. Peter Bassenge, Gerd
Brudermüller, Uwe Diederichsen u.a., 65., neu bearbeitete Aufl., München 2006

Peters – Lange, Susanne (2005): Sozialrecht in der Insolvenz, München 2005

Promberger, Markus (2007): Leiharbeit, in: Keller, Berndt/ Seifert, Hartmut:
Atypische Beschäftigung- Flexibilisierung und soziale Risiken, Berlin 2007

Rebhahn, Robert (2008): Aktuelle Entwicklungen des europäischen Arbeitsrechts,
Bonn 2007

Renners, Stephan (2007): Private Investigation und Arbeitsrecht, Diss., Hamburg
2007

Reuter, Peter: Eigenverwaltung – das ungeliebte Kind der InsO? unter
http://www.indat-repott.de/titel/titel_06_01.htm S. 1 – 8 Stand 13.11.2008

Riggert, Rainer (2000): Eigenverwaltung auf Antrag des Schuldners, in: Der Syndikus, Heft September/Oktober, Jg. 2000, S. 36 -38

Rolfs, Christian/Giesen, Richard (2008): Arbeitsrecht – Schwerpunktkommentar, München 2008

Schaub, Günter (2006): Rechte und Pflichten als Arbeitnehmer, 9. Aufl., München 2006

Schrader, Peter/ Straube, Gunnar (2008): Insolvenzrecht, München 2008

Schreiber, Klaus (2008): Der Arbeitnehmerbegriff in: JURA, Heft 1, Jg. 2008, S. 21 – 25

Schultz, Maike (2008): Jedes dritte Unternehmen plant Stellenabbau, in: Berliner Zeitung vom 25.11.2008, Nr. 277, S. 9

Seefelder, Günter (2007): Unternehmenssanierung, 2. Aufl., München 2007

Sesselmeier, Werner (2007): (De)Stabilisierung der Arbeitsmarktsegmentation?, in: in: Keller, Berndt; Seifert, Hartmut (hrsg.): Atypische Beschäftigung- Flexibilisierung und soziale Risiken, Berlin 2007

Sozialgesetzbuch III (Großkommentar) (2008); hrsg. Mutschler, Bernd/ Bartz, Ralf/ Schmidt – De Caluwe, Reimund., 2. Aufl., Baden – Baden 2008 (zitiert NK)

Streinz, Rudolf (2008): Europarecht, 8. völlig neu bearb. Aufl., Heidelberg 2008

Tettinger, Peter J./ Wank, Rolf; Sieg, Harald; Leifermann, Werner. (2004): Gewerbeordnung; Kommentar, 7. Aufl. des von Harald Sieg begr. u. zs. Mit Werner Leifermann fortgef. Erl.-Werkes, München 2004

Thiele, Alexander (2007): Grundriss Europarecht, 5. Aufl., Altenberge 2007

Thüsing, Gregor (2007): AGB – Kontrolle im Arbeitsrecht, München 2007

Wolf, Bertram (2001): Die maßgebliche Kündigungsfrist in der Insolvenz, in: Der Syndikus, Achern (Baden), Alzenau, Augsburg u.a. , Heft Januar/Februar, Jg. 2001, S. 39-40

Sandra Streuling

Arbeitsrechtliche Aspekte von

Zielvereinbarungen

Gestaltungsmöglichkeiten des Arbeitsvertrages

und Restriktionen der Tarifbindung

Diplomica 2010 / 100 Seiten / 49,50 Euro

ISBN 978-3-8366-8747-8

EAN 9783836687478

Gerade im Zuge der fortschreitenden Globalisierung müssen Unternehmen ihre Wettbewerbsfähigkeit sichern und sich neuen Marktanforderungen rasch anpassen. Mit Hilfe von Zielvereinbarungen können die Personalkosten in höherem Maße an der wirschaftlichen Lage des Unternehmens ausgerichtet werden. Durch die Individualisierung des Entgelts wird gleichzeitig aber auch eine höhere Entgeltgerechtigkeit hergestellt.

Sandra Streuling schafft mit diesem Buch einen Überblick darüber, wie Zielvereinbarungskonzepte in der Praxis eingeführt und aus rechtlicher Sicht ordnungsgemäß durchgeführt werden können. Sie zeigt die rechtliche Struktur von Zielvereinbarungen, die rechtlichen Grenzen und die sich daraus für Arbeitgeber und Arbeitnehmer ergebenden Rechte und Pflichten. Das Hauptaugenmerk liegt dabei auf der Vertragsgestaltung, wobei hier die AGB-Kontrolle sowie typische Regelungsinhalte der Rahmenvereinbarung und der konkreten jährlichen Zielvereinbarung erläutert werden.

Ulrike Liss
Arbeitnehmerdatenschutz
in IT-Entwicklungsprojekten
Datenschutzrechtliche Vorgaben bei der
Entwicklung und Einführung von
Personalinformationssystemen

Diplomica 2011 / 112 Seiten / 49,50 Euro

ISBN 978-3-8428-5407-9

EAN 9783842854079

Personalabteilungen in Unternehmen nutzen heute leistungsfähige IT-Systeme in nahezu jedem Tätigkeitsgebiet des Personalmanagements. Solche Personalinformationssysteme befassen sich überwiegend mit Daten, die unmittelbar oder mittelbar mit dem Beschäftigten in Beziehung stehen. Zum Schutz der Arbeitnehmerdaten dienen die Datenschutzgesetze.

Diese Studie ist ein Leitfaden, der den für die Entwicklung und Einführung von Personalinformationssystemen Verantwortlichen im Unternehmen das erforderliche datenschutzrechtliche Wissen vermittelt, spezifische Hinweise gibt und das Augenmerk für datenschutzrelevante Sicherheitslücken und Bedrohungen durch den Einsatz des Systems schult.

Anhand eines Phasenmodells werden die für jede Phase typischen Fragestellungen, die bei der Entwicklung und Einführung eines Personalinformationssystems auftreten, untersucht und beispielhaft Lösungen aufgezeigt.

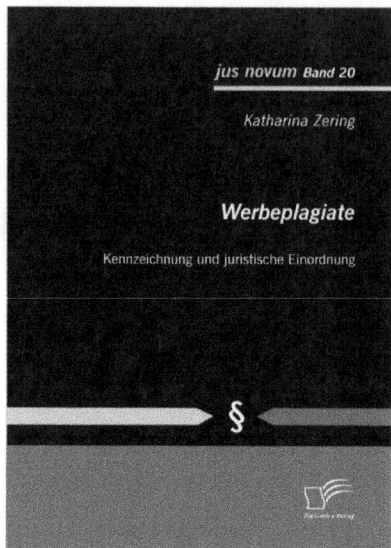

Katharina Zering
Werbeplagiate
Kennzeichnung und juristische Einordnung

Diplomica 2011 / 100 Seiten / 39,50 Euro
ISBN 978-3-8428-5468-0
EAN 9783842854680

Der Einsatz von originellen Werbemaßnahmen macht nicht nur den Verbraucher aufmerksam, sondern auch die Konkurrenz.

Sicherlich ist ein aggressives Vorgehen im Konkurrenzkampf unumgänglich, aber wo liegen die rechtlichen Grenzen? Inwieweit darf eine fremde Werbekampagne als Quelle für eigene Werbeinspirationen genutzt werden und wie wird der Eingriff, der über die bloße Inspiration hinausgeht, juristisch eingeordnet? Ist es überhaupt möglich, auf Grund der Vielzahl verschiedener Schöpfungen und Werbemittel (Slogan, Plakat, Werbespot etc.), diese unter Schutzrechte zu subsumieren? Und wie hoch ist die Präsenz der Problematik eigentlich bei Werbeagenturen und Endverbrauchern bzw. welchen Standpunkt nehmen diese gegenüber Werbeplagiaten ein?

Zielsetzung dieses Buches ist es, neben der Beantwortung der zuvor aufgeführten Fragen, das Werbeplagiat entsprechend seiner Intention juristisch einzuordnen. Zudem liegt der Fokus – einhergehend mit der Präsenz der Problematik des Werbeplagiats beim Konsumenten und bei Werbeagenturen – in der Aufklärung der These, dass Werbeplagiate lediglich ein Problemphantom sind.

www.ingramcontent.com/pod-product-compliance
Lightning Source LLC
Chambersburg PA
CBHW050927030726
47586CB00005B/1560